어느
작은
참새의 일대기

SOLD FOR A FARTHING
Copyright ⓒ 1953 by Clare Kipps
All rights reserved

Korean Translation Copyright ⓒ 2011 by Momento
Korean Translation rights arranged with EDEN LONGRIDGE
through EYA(Eric Yang Agency)

이 책의 한국어판 저작권은 EYA(Eric Yang Agency)를 통한
EDEN LONGRIDGE사와의 독점 계약으로
모멘토가 소유합니다.
저작권법에 의하여 한국 내에서 보호를 받는 저작물이므로
무단전재와 복제를 금합니다.

# 어느 작은 참새의 일대기

*Sold for a Farthing*

인간을 위로하고 사랑하고 꾸짖었던 클래런스의 생애

**클레어 킵스** 지음 | **안정효** 옮김

모멘토

*** **차례**

지은이의 머리말 ················································· 9

제1장 버림받은 생명 ········································· 15
제2장 배우로서의 활약 ······································ 39
제3장 음악가의 삶 ············································· 63
제4장 사랑의 행로 ············································· 89
제5장 시련을 이겨내며 ···································· 115
제6장 마지막 나날 ··········································· 131
제7장 후일담 ··················································· 155
제8장 클래런스의 죽음 ···································· 161

줄리언 헉슬리의 해설 ····································· 163
클레어 킵스와 참새들 ····································· 175
옮긴이의 꼬리말 ············································· 185

〈일러두기〉
별표(*)를 단 각주는 모두 옮긴이의 것이다.

나로 하여금 이 글을 쓰도록 무한한 격려를 아끼지 않았던
시인 월터 드 라 메어에게 이 작은 책을 바친다.

클레어 킵스

## 지은이의 머리말

월터 드 라 메어*처럼 저명한 분들을 위시하여 여러 사람으로부터 나는 함께 살아온 참새의 생애에 대하여 정확하게 서술한 글을 집필하라는 권고를 자주 받아왔다. 나는 그 제안을 받아들이기가 두려워서 지금까지 주저했는데, 야생에서 살아가는 새들이 그들의 자유를 박탈당해서는 안 된다고 믿었기 때문에, 다른 사람들이 내 글을 읽고 새를 잡아 집에서 기르겠다는 충동을 받기라도 할까봐 걱정이 되어서였다.

하지만 일단 집필을 시작하겠다고 마음을 먹은 나로서는 이

---

* 월터 드 라 메어(Walter de la Mare, 1873~1956)는 영국의 시인이며 소설가로서, 어린 시절과 자연과 꿈과 초현실적인 내용에 관한 낭만적인 글을 썼다.

작은 책에 과장을 피하고 성실한 기록만을 담으려고 무한히 애를 썼는데, 오직 그렇게 해야만 나의 기록이 조금이나마 가치를 지니게 되리라고 믿었기 때문이다. 이 작은 새의 행태에 대한 나의 해석이 처음에는 상상력이 지나치다고 여겨질지 모르겠지만, 그것은 나름대로의 세심한 관찰로부터 얻은 결과물이며, 그가 보인 행동들에 대해서 그것이 우발적이었는지, 아니면 본능이나 지능에서 연유했는지 확신이 서지 않을 때마다 나는 판단을 독자들에게 맡기기로 했다.

나는 간결하고 단순한 서술 형식을 택하여 장식적인 문체를 흉내 내려는 시도를 피했으며, 그렇게 함으로써 꾸밈없고 냉정한 진실을 가장 안전하게 전달하는 수단을 찾으려고 노력했다. 전혀 중요하지 않다고 여겨지는 부수적인 몇 가지 세부 사항에 관련해서만 나는 실제 상황으로부터 조금이나마 벗어나는 여유를 부렸다.

많은 사람들이 흔히 짐작하는 것과 달리 나의 작은 새는 공습\*을 받았기 때문에 둥지로부터 떨어져 나오지는 않았다. 그는 거

---

\* 독일은 제2차 세계대전이 막바지에 이르렀던 1944년에 신무기인 V-1과 V-2 로켓으로 런던을 폭격했다. V는 'Vergeltungswaffe'의 머리글자로, 연합군의 독일 폭격에 대한 '보복무기'라는 뜻이다.

침없이 제멋대로 행동하는 대자연으로부터 피해를 받은 무수한 희생자들 가운데 하나였으며, 아마도 한쪽 발이나 날개가 잘못되어 떨어졌는지도 모르겠지만, 어쨌든 살아날 가망이 전혀 없는 존재였다.

여기에 실린 사진*은 모두 그가 열두 살이 거의 다 되었을 무렵에 하마터면 목숨까지 잃을 뻔했던 심각한 병을 앓고 난 다음에 찍은 것으로서, 날개가 질질 끌리고 꽁지가 거의 다 빠져버린 상태인데, 그보다 먼저 한창 시절 그의 멋진 모습을 제대로 보여주는 사진을 몇 장이라도 마련해두지 않았다는 사실이 못내 아쉽기만 하다. 하지만 촬영을 하는 동안 단 한 번이라도 참새가 일부러 자세를 잡았다거나, 어떤 동작을 취하도록 누가 유도를 한 경우가 없는데도 그가 즉흥적으로 글 내용에 삽화처럼 잘 어울리는 어떤 몸짓이나 기분이나 표정을 제대로 연출해냈다는 사실은 신기할 따름이다.

나는 일찍부터 새들을 사랑해왔다. 참으로 이상하게 생각되는 사실이고, 모든 사례가 단순한 우연의 일치일지는 몰라도, 내 인생에서 대단히 중요한 의미를 지니는 사건들이 일어나려고 하면 항상 신비하고도 귀여운 새 한 마리가 난데없이 나타나

---

* 이 흑백 사진들은 케네스 감(Kenneth Gamm)이 찍었다.

서 미리 알려주고는 했다.

내가 태어났을 때는, 방금 탄생한 자그마하고 하찮은 아기가 딸이라는 사실을 간호사가 부모에게 알려주던 순간에 까치 한 마리가 창문에 나타나서 유리를 세 번 쪼았다. 이상하게도 까치를 무서워했던 어머니는 이것을 흉조라고 생각하였으며, 그로부터 사흘을 넘기지 못하고 세상을 떠났다. 하지만 나에게는 까치는 물론이요 까마귀도 슬픔을 전해주는 예언자 노릇을 했던 적이 전혀 없다.

나는 야생의 가수들을 여럿 친구로 사귀었으며, 어느 개똥지빠귀하고는 간단한 인사를 주고받는 사이가 되기도 했지만, 나의 작은 집참새*처럼 끊임없이 사랑을 주고받는 반려자로서 함께 지냈던 새는 없었다.

이것은 애완용으로 키우던 동물에 관한 얘기가 아니라, 깊고도 친밀한 우정에 관한 얘기—여러 해에 걸쳐서 한 인간과 한 마리의 새가 나눈 남다른 사연이 얽힌 얘기다. 홀로된 여자로서 내가 비교적 은둔에 가까운 고적한 생활을 했던 처지였으므

---

*집참새(house-sparrow)란 아시아와 아프리카, 남아메리카 일부 지역만 제외하고는 전 세계적으로 인간의 거주지에 서식하는 참새의 일종으로, 몸길이가 15센티미터 정도다. '유럽참새'라고도 한다. 학명은 *Passer domesticus*.

로, 어쩌면 다른 어떤 참새도 그토록 독점적인 인간과의 관계를 누릴 (또는 참고 견디어야 할) 특전을 얻지는 못했겠고, 어쩌면 그래서 모든 조류 가운데 가장 흥미롭고 적응력이 뛰어난 새의 습성과 기질과 가능성들을 새로운 시각으로 엿볼 기회가 나에게 마련되었는지도 모른다.

나에게 보낸 사적인 서한에서 월터 드 라 메어가 이 책에 대해 비평한 내용 가운데 일부를 그의 너그러운 허락을 받아서 인용하자면 다음과 같다.

"이것은 어느 모로 보나 독보적인 작품입니다. 내가 지금까지 읽어본 부분으로만 미루어 봐도, '어느 작은 참새의 일대기'*는 하나의 작은 보석과 같고, 사진들은 그 자체로서도 놀랍지만, 크고 작은 온갖 생명들에게 한결같이 존재하는 사랑을 훌륭하게 입증합니다.

손톱만치라도 상상력을 지닌 모든 인간에게 그는 경이적인 통찰력을 베풀어줍니다. 언어를 알지 못하는, 아니면 역설적으로 어느 누구보다도 언어를 더 잘 아는 그 조그마한 깃털 덩어리가, 그의 인간 친구를 사랑했듯이 그토록 소중하게 어떤 다른 대상을 사랑한 적이 있었겠는지 사람들은 스스로 묻게 됩니

---

\* 이는 두 사람 사이에 통하는 가제목이었던 듯싶다.

다. 하지만 여기에서부터 신비는 넘쳐흐르기 시작하니—그래서 나는 물론 '그 친구'라는 말을 '가브리엘 천사'라는 의미로도 여기에서 사용했음을 밝힙니다."

제1장

# 버림받은 생명


안개와 비가 늘 오락가락하는 런던답지 않게 1940년에는 한낮이면 청명한 날씨가 날마다 계속되어서, 수많은 사람들이 먼 훗날까지 기억해줄 만큼 역사적으로 유명하게 맑았던 한 해였다. 그럼에도 불구하고 1940년 7월 1일은, 내 기억을 얼마나 믿어줘야 할지는 잘 모르겠지만, 그맘때치고는 유난히도 쌀쌀한 날씨였으며, 나에게는 무료한 하루였다.

전쟁 같지도 않은 '가짜 전쟁(the Phoney War)'\*이 계속된 끝에, 유럽 대륙에서 끔찍한 사건들이 줄지어 벌어졌지만, 아

---

\* '가짜 전쟁'이란 1939년 9월 독일이 폴란드를 침략하자 동맹 관계였던 영국과 프랑스가 독일에 선전포고를 하고는 본격적인 지상전투를 벌이지 않았던 '개점 휴업' 시기를 말한다. 이 상태는 다음해 5월 독일군이 벨기에와 네덜란드를 침공할 때까지 계속됐다.

직까지도 우리나라만큼은 무슨 이유에서인지 신기하게도 적으로부터 아무런 시달림을 받지 않았다.

혹독한 겨울의 힘겨운 여러 달이 지나가는 동안, 우리들은 내내 얼음이 얼어붙은 길거리를 오가면서, 한 번도 떨어진 적이 없는 폭탄에 대비하여 실시하던 등화관제의 괴이한 정적 속에서 기다리고 또 기다리기만 했다. 그때까지만 해도 우리들로서는 전혀 알 길이 없었던 일이지만, 평온했던 이 기간은 머지않아 맹렬한 독일의 공습으로 이어질 터였어도, 당시에는 'A.R.P. 부대'*라는 호칭으로 통했던 우리 민방공 요원들의 의무는 경계를 서며 기다리는 일이 고작이었다.

집 근처에 위치한 방공호 초소에서 공습 대피반장으로 고된 하루의 근무를 끝내고 귀가하던 나는, 런던의 교외 지역에 있는 나의 작고 나지막한 집 문간에서, 둥지로부터 밀려났거나 잘못 떨어진 듯싶은 작고도 작은 새 한 마리를 발견했다. 그것은 방금 알에서 깨어난 새처럼 보였는데 지난 몇 시간 사이에 부화한 모양이었고, 털이 하나도 나지 않은 벌거숭이 알몸에 눈도 뜨지를 못했으며, 두 눈알이 방울처럼 튀어나왔는가 하면

---

*A.R.P.는 공습에 대한 경계를 맡았던 민간 병력인 Air-Raid Precautions (Service)의 약자다.

이미 목숨이 끊어진 기미가 분명했다.

만일 누군가 갓 태어난 아기를 문 앞에 두고 갔다면 당연히 무슨 조처를 취해야 한다는 생각이 들어서, 나는 새를 집어 들고 따뜻한 옷자락으로 감싸고는, 부엌의 난로 가에 가서 앉아서 그것을 살려내려고 몇 시간 동안 정성을 기울였다.

(상처를 입히지 않으려면 섬세한 솜씨와 대단한 인내심을 필요로 하는 작업이었지만) 말랑말랑한 부리를 벌리는 데 겨우 성공한 다음, 나는 타고 남은 성냥개비 토막으로 입을 열어 받쳐놓고는, 좁다란 목구멍으로 몇 분에 한 방울씩 미지근한 우유를 떨어트려 주었다.

그렇게 반시간이나 공을 들이고 났더니, 새의 몸뚱어리가 아직 상당히 차갑기는 했지만 앙상한 한쪽 날개에서 미약한 움직임을 포착할 수 있었고, 그래서 마지막으로 먹일 때는 우유에 적신 빵을 자그마하게 떼어 함께 주고는 양털로 안을 댄 작은 푸딩 그릇에 조심스럽게 새를 담아서, 널어놓은 빨래가 잘 마르도록 온수관(溫水管)을 따라 설치한 선반 위에 얹어두었다. 그러고는 밤을 넘기지 못하고 틀림없이 새가 죽으리라 생각하면서 나는 잠자리에 들었다.

놀랍게도 이튿날 아침 일찍 나는 빨래 선반에서 새가 계속 미약하게 울어대는 소리를 들었는데, 그것은 믿어지지 않을 정도로 가느다랗기는 하면서도 행복한 소리였으며, 바늘이 만일 노래를 부를 줄 안다면 아마도 그런 소리를 냈을 듯싶었다. 아직도 사기로 만든 요람에 그대로 들어앉은 자그마한 생명은 온기를 되찾고 말짱한 정신으로 아침밥을 달라고 그렇게 외쳐 대었다.

이때부터 그는 입을 다물 줄 몰랐고, 끊임없이 먹이를 줘야 했기 때문에 나는 새를 사기그릇에 담은 채로 대피반장의 초소로 데리고 갔으며, 그렇게 해서 그는 기나긴 기다림이 계속되는 지루한 시간에 우리들에게 끝없는 기쁨을 제공함으로써 나름대로 그의 조국을 위한 봉사를 시작했다.

나는 그에게 비맥스\*와 푹 삶은 달걀의 노른자, 넙치 간유 한 방울을 곁들여 우유에 적신 빵을 먹였는데, 조심스럽게 끝을 뾰족이 깎은 성냥개비를 이용하여 음식을 살금살금 목구멍으로 정성껏 밀어 넣어가며 여러 차례에 걸쳐서 조금씩 자주 주었다.

동네 아이들은 새에게 먹이라고 송충이와 지렁이를 잡아 성냥갑에 넣고는 파란 끈으로 묶어서 끊임없이 나한테 가져다주었지만 나는 엄격하게 채식 식단만을 고집했으며, 덕택에 그는

---

\* 비맥스(Bemax)는 맥아로 만든 영양제의 상품명으로, 비타민 B와 철분 따위가 많이 들어 있다.

무럭무럭 자라서, 씩씩하기는 해도 귀찮게 자꾸 보채는 아기 새로 성장했다.

사흘째로 접어들자 방울처럼 튀어나온 그의 두 눈이 양쪽 모두 중간쯤에서 가느다랗게 째지는 기미를 보이더니, 그는 조금씩 눈을 뜨고는 깃털이 나지 않은 나의 커다란 얼굴과 횃대처럼 내미는 손가락들을 인식했고, 주변을 관찰하기 시작했다. 다른 새라고는 한 마리도 본 적이 없었던 그는 추호도 의심하지 않고 내가 그를 낳아준 보호자이리라고 받아들이는 눈치였다.

(주로 밤에만 자라나는 듯싶었던) 깃털이 그의 작은 몸뚱어리를 덮어가기 시작하여 따끈한 온수관 선반이 이제는 필요하지 않게 되자, 그는 내 베개 위에서 낡은 털장갑 속에 들어가 잠을 잤으며, 동이 트기만 하면 첫 식사를 달라고 나를 깨우기 위해 시끄럽게 쨱쨱거리면서 내 머리카락을 잡아 뜯고는 했다.

나는 물론 그가 날아다니면서 먹이를 구할 능력을 갖추기만 하면 당장 풀어줄 생각이었지만, 날개의 깃털이 자라나는 사이에 비극적인 사실이 드러났으니, 그는 충분히 안전할 만큼의 높이까지 솟아오르거나 마음대로 날아다닐 희망이 전혀 없어 보였다. 왼쪽 날개는 정상적인 듯했지만 오른쪽은 분명히 불구여서, 처음 나온 깃털이 그의 잔등에서 위를 향해 작은 부채처럼 똑바로 일어선 채로 자랐다.

발딱 일어선 깃털은 묘한 효과를 내기도 했는데, 이 부채 날개는 특히 내가 가까이 다가갈 때면 지극히 다정한 손짓처럼 파닥이고는 했다. 그는 나를 따라 이 방에서 저 방으로 허둥거리며 돌아다니느라고, 햇병아리들이 그러듯이 강종거리며 뛰어다니는 방법을 터득했으며, 그럴 때면 날개가 다리에 도움을 주었다. 왼쪽 발도 역시 시원치가 않아서, 뒤쪽 며느리발톱이 변형되어 오그라진 모양이었다.

 아기 새가 혼자서 먹이를 찾아 먹을 정도가 되자 나는 마룻바닥 구석마다 모이와 우유를 늘어놓고는 그를 작은 방에다 혼자 안전하게 남겨두고 외출해도 괜찮은 형편이 되었다. 그는 곧 내 발자국과 목소리를 알아듣기 시작했고 내가 문을 여는 열쇠 소리까지도 식별해서, 귀가하는 나를 소란스럽게 반겨 맞아주고는 했다. 그의 은밀한 내실로 들어가는 문을 내가 여는 순간에 허둥지둥 날아다니는 그의 분주한 발소리가 들려오고, 그는 내 다리를 타고 올라 무릎을 지나 어깨까지 기어오르고는 신이 나서 재잘거리다가 내 턱 밑으로 파고들거나 목에 늘어진 옷깃을 넘어 윗도리 속으로 들어가기도 했다.

 하지만 그의 천국은 내 침대였으며, 나와 함께 솜털 이불 밑으로 파고드는 순간이야말로 그에게는 무한한 황홀경이나 마찬가지였다. 이런 그의 습성은 평생 변함이 없었는데, 여기에서 나는 참으로 흥미진진한 사실 하나를 밝혀두고 싶다.

완전히 무기력한 상태였던 유아기를 벗어나자마자, 그리고 완전히 어른으로 성장하기 오래 전부터, 그는 자신의 쉼터를 항상 청결하게 유지해야 하는 대상으로 간주하기 시작했으며, 그에게 둥지 노릇을 하는 장소라면 어디라도 더럽히는 일이 전혀 없었다.

그는 양털로 안을 댄 그릇의 꼭대기까지 열심히 기어 올라가서는, 가장자리에 달랑 버티고 앉아서 자그마한 꼬리를 바깥쪽으로 내밀고 배변을 한 다음에 내려가서 다시 잠깐 낮잠을 즐기고는 했다. 내 침대를 취침 장소로 이용할 때도 그는 절대로 자리를 더럽히는 적이 없었고, 침대를 어쩌다가 그에게 놀이터로 제공할 때는 빨기 쉬운 헝겊 조각을 바닥에 깔아주면 그만이었다.

내가 짐작하기로는 집안에서 살며 일정한 장소에서 대소변을 보도록 참새를 길들이기란 거의 불가능한 일이고, 따지고 보면 어떤 새라도 마찬가지였겠지만, 그는 이런 면에서 자신의 행동을 통제하는 본능을 분명히 타고난 모양이어서 단 한 번도 나를 실망시킨 경우가 없었다. 옛말마따나 "똑똑한 새는 자기 둥지를 어지럽히지 않는" 모양이었다.

아주 흥미로운 사실이지만, 몇 가지 양상을 보면 그는 타고

난 본능을 그토록 변함없이 그리고 그토록 빈틈없이 따르면서도 본능을 정면으로 거역하는 습성 또한 몇 가지를 스스로 습득한 듯싶었다.

예를 들면, (나보다 정확한 정보를 지닌 사람이 다른 견해를 내놓는다면 기꺼이 받아들이기는 하겠지만) 내가 아는 한 야생의 조류들은 발랑 눕는 법이 없어서, 그런 자세를 취한 새라면 죽은 놈이라고 판단해도 별로 틀림이 없으리라고 여겨진다. 하지만 나의 어린 새는 걸핏하면 발랑 누워서, 아기나 고양이가 그러듯이, 두 발로 발길질하기를 좋아했다.

그의 균형감각은 누워서도 완벽했으며, (적어도 그가 아주 늙은 나이에 이르기까지는) 그런 점잖지 못한 자세를 나 이외에는 어느 누구에게도 보여준 적이 없었다. 나는 그런 버릇이 그의 날개가 불구였다는 사실과 아무런 관계가 없다고 상당히 자신한다.

그는 자주 그런 자세로 누워서, 도대체 그와 함께 살아가는 내가 어떤 종류의 새인지 알고 싶어 죽겠다는 듯 지극히 우스꽝스러운 표정을 지으며 나를 곁눈질해 보기도 했고, 내가 간지럼을 태우려고 하면 작은 발로 내 손가락들을 밀어내며 마주 장난을 치기도 했지만, 어렸을 때는 나 이외의 낯선 사람이 혹시 접근하려고 하면 예외 없이 굉장히 민첩한 동작으로 벌떡 일어

나 앉고는 했다.

　이것은 우리 둘이서만 있을 때면 두려움으로부터 완전히 벗어난다는 그의 심리 상태를 확실하게 보여주었고, 나에 대한 그의 신뢰는 이후 평생 동안 단 한 번도 그를 실망시키지 않았다. 그가 설거지통에 빠져서 내가 꺼내놓고는 그가 온갖 불평을 늘어놓는 동안 씻기고 몸을 말려줘야만 했던 경우처럼 어쩌다가 불상사가 한 번씩 발생하기는 했어도, 그는 나에게 나쁜 감정을 품은 적이 없었고, 성장해 가는 동안 난처하거나 힘겨운 여러 상황을 당할 때마다, 그는 내가 늘 자신을 구해주는 존재라고 여기게 되었다.

　얼마 안 가서 그는, 내가 야간 근무를 해야 할 때면 바깥에서 밤을 보내야 하고, 돌아온 다음에는 몇 시간 동안이나마 모자라는 잠을 채워야 하기 때문에 자리에 누워야 한다는 사실을 이해하게 되었다. 이런 과정을 당연히 예상하고 감수해야 하는 생활에 그는 익숙해졌고, 그래서 집으로 돌아온 내가 차를 만드는 과정을 대단한 흥미를 느끼며 지켜보고는, 찻숟가락으로 떠서 주는 우유를 배불리 받아먹은 다음 방에서 가장 안전한 구석에 마련해놓은 우리의 아담한 침대로 나를 이끌어 가고는 했다.

　내가 뒤따라오는지를 확인하려고 조그마한 머리를 옆으로 돌려 동그랗고 빛나는 눈으로 살펴보면서, 이 작디작은 생명체가 부채 날개의 깃털을 펄럭이며 앞장서서 열심히 강종거리고 짹짹거리면서 휴식을 취할 곳으로 나를 이끌고 나아가는 모습은 (월트 디즈니 영화에나 나올 법한) 환상적인 장면이었다.

내가 우선 옷을 벗게 되는 경우, 그는 베개 위에 앉아서 준비가 끝날 때까지 짜증스럽게 나를 자꾸만 불러대었고, 그런 다음에는 잠자리를 같이해야 할 코끼리처럼 거대한 내가 제대로 자리를 잡을 때까지 행여 다치지 않도록 몸조심을 하고는, 잠을 자야 할 순간이 닥치면 베개를 타고 쪼르르 쏜살같이 미끄러져 내려와서, 내 얼굴을 재빨리 뛰어넘어, 솜털 이불 밑에서 내 목으로 파고들었다.

이런 황홀한 순간이면 언제나 그는 잔걸음으로 강종거리는 대신에 냅다 줄달음질을 치는 듯 보였지만, 물론 그것은 나의 착각일 따름이었다. 잠자리에 든 다음에는 내가 몸을 움직이거나 뒤척일 때마다 그는 극심한 불쾌감을 표현하느라고 몇 차례 쪼아대거나 물기도 했으며, 그러고는 몇 시간 동안 둘이서 함께 깊은 잠에 빠져들고는 했다.

내가 어느 친구에게 하룻밤 방을 내주어서 아침에 내가 돌아올 때까지 참새 곁에서 그녀가 자게 되었을 때, 재미있는 사건이 벌어졌다. 작은 새는 그것이 가당치도 않은 일이라고 생각했으며, 그래서 야단법석이 일어났다.

새는 베개에서 팔딱팔딱 뛰어다니며 야단을 치고 위협을 거듭하더니, 나중에는 침입자에게 어찌나 맹렬한 공격을 가했는지 손님은 하는 수 없이 자리에서 일어나 구석으로 피신해서, 꼬마 임금님이 늘 차지하던 장소를 무사히 장악할 때까지 얌전히 서서 기다려야만 했다. 편안하게 자리를 잡은 다음에야 참새는 그녀가 돌아오도록 너그럽게 허락해주었다.

의사였던 내 친구는, 지금까지 살아오면서 온갖 산전수전 다 겪어보았지만 참새한테 잠자리에서 쫓겨나기는 이때가 처음이었노라 고백했다.

나는 깨어 있거나 잠을 자는 동안에나 점점 더 참새의 존재를 의식하게 되었고, 그토록 조그마한 동반자를 밟거나 깔아뭉개는 일이 없도록 항상 신경을 쓰면서 돌아다녔지만, 그런 완전한 자유를 보장받았기 때문에 언젠가는 그가 재앙으로 종말을 맞게 되리라는 위험성을 깨닫기 시작했다. 찾아오는 손님들 중에는 아이들도 많았는데, 그들은 새 따위는 신경도 쓰지 않기가 보통이었다. 그래서 너무 늦기 전에 무슨 조처를 취해야만 했다.

나는 그가 거처할 나무 한 그루를 마련해주려는 생각으로 물통에 심은 나무를 방의 한쪽 구석에 갖다놓고는 참새가 그곳에 올라앉아 사령부를 차리기를 바라면서 유혹해보았으나, 그가 겁을 먹고 도망쳐서 내 목을 타고 내려가 옷 속으로 숨어버리는 바람에 허사가 되고 말았다.

나는 나무에다 맛좋은 먹을거리들을 매달아놓고는 그곳에서 식사를 하도록 그를 설득해보기도 했지만, 선악과를 받아먹은 하와보다 훨씬 똑똑했던 그는 숨이 턱에 차도록 정신없이 도망치더니 마룻바닥에 웅크리고 앉아서, 어린아이들이 두 손을 맞잡고 추켜올리듯이 작은 두 날개를 들어 올리고는, 어서 나를 거두어 이 흉악한 물건으로부터 멀리 떨어진 곳에 숨겨달라고 애원했다.

그래서 나는 마지못해서, 커다랗고 널찍한 새장을 구해다가 낯익은 푸딩 그릇을 새장 바닥에 놓고는 그를 입주시켰다. 나로서는 놀랍고도 마음이 놓이는 일이었지만, 그는 마치 대대로 새장 안에서 살아온 조류의 후손이기라도 한 듯 냉큼 안으로 들어갔고, 이때부터 그곳에서의 생활을 오래오래 즐겼다.

내가 집에서 지내며 그에게 충분한 관심을 기울일 여유가 있을 때면 그가 마음대로 드나들도록 새장의 문을 열어서 고정시켜놓았고, 그러면 그는 항상 나에게로 얼른 달려왔다. 그 새장과 내 침대, 그리고 물론 내 몸뚱어리는 그의 개인적인 소유물이었고, 그가 부리와 발톱을 휘둘러가며 싸워서 수호해야 하는 그의 영토였으며, 실제로 그는 그런 투쟁을 마다하지 않아서, 그가 설정한 경계선을 감히 침범하려고 시도했던 손님들은 누구나 한 번씩은 호되게 혼이 났고, 그러면서도 재미있어 했다.

그는 집안의 다른 어떤 사물에 대해서도 거의 아무런 관심을 보이지 않아서, 방안에 혼자 남겨두면 조금도 지체하지 않고 새장으로 돌아가고는 했다. 새장 안에서 그는 단호한 결단력을 과시하며 지칠 줄 모르는 분투를 계속하여 점점 더 높은 자리로 기어 올라가느라고 여러 차례 굴러 떨어지기도 했고, 그러다가 마침내 그네까지 다다르면 그는 여봐란 듯 올라앉아서, (그의 야심과 기개로 치면 사실 충분히 그에 비견할 만하겠지만) 마치 에베레스트 정상에 오르기라도 한 것처럼 대단한 자부심을 뽐내었다. 그렇게 흐뭇해하며 그네를 뛰는 그의 모습을 지켜보고 있노라면 나는 저절로 웃음이 나오고는 했다.

그런가 하면 그가 힘써 타고 올라야 하는 나의 두 다리는 숲 나무의 몸통이나 마찬가지였고, 내 손가락들은 그의 횃대였으며, 내 머리카락은 옷솔이나 마찬가지였다. 그는 내 머리카락 속으로 파고 들어가서 모래 목욕\*을 한다고 상상하며 몸단장을

---

\* 모래 목욕(sand bath, 沙浴) 또는 흙 목욕(dust bath)은 진흙 목욕이나 마찬가지로 기생충을 제거하고 피부를 청결히 하기 위해서 하는 뒹굴기를 뜻한다.

했고, 목욕을 마치고 나면 한쪽 귀에서 다른 쪽 귀까지, 말아 올린 머리카락 타래에 매달려 건너뛰고, 흔들어 그네를 타고, 장난을 치며 숲을 횡단하는 모험을 벌였다.

성장하면서 그는 두 날개의 동작을 일치시키는 능력이 조금씩 향상되었지만, 그를 집밖으로 내보낸다면 그것은 미친 짓이나 마찬가지였겠다. 그래서 나는, 참새도 나름대로 그런 생활 여건을 즐거워하는 듯 보였으므로, 그로 하여금 집안에서 영원히 살게 내버려두기로 작정했다.

하루 가운데 유난히 즐거운 때라면, 내가 새장의 덮개를 벗겨주고, 그러면 그가 (신이 나서 재잘거리며) 내 침대로 기어 올라와서는 차와 토스트를 나하고 함께 나눠 먹는 이른 아침 시간이었다. 그는 우유를 좋아해서 엄청나게 많이 마셨다. 여러 야생 조류에게는 심장으로 통하는 우유의 길(milky way to the hearts)*이라도 있는 모양이어서, 내가 경험한 바로는 어린 찌르레기와 지빠귀 새끼들이 입맛 당기는 음료수를 얻어 마시고 싶은 마음에 텃밭에서 어미를 버리고 집을 한 바퀴 돌아 나를 따라온 경우가 여러 번이었다. 내가 양자로 들인 어린 새는 물론 아예 우유로 키웠기 때문에 이미 중독된 상태였다.

*이 영어 표현은 '마음과 연결된 은하수'라는 뜻도 된다.

아침 식사를 마친 다음에, 공습 경보가 울리지 않아 시간적인 여유가 좀 생기기라도 하면 우리는 '아침의 결투'를 벌이고는 했다. 전투를 벌일 준비를 하느라고 침대를 말끔히 치우고 내가 한쪽 끝에 자리를 잡고 앉으면, 참새는 축소판 독수리처럼 위협적인 자세를 취하며 다른 쪽 끝에 도사리고 앉았다. 이어서 그는 꼬리를 펼치고 두 날개를 잔뜩 벌리고는 나에게 돌격을 감행하여, 발톱 하나로 내 손을 눌러 제압한 채로, 곡괭이를 휘두르는 광부처럼 부리로 마구 쪼아댔다. 그런 다음에 그는 잠시 후퇴했다가 분노의 공격을 재개하여, 덤불 울타리에서 야생 참새들이 흔히 그러듯이, 쪼아대고, 물어뜯고, 나뒹굴며 한바탕 나를 꾸짖었다. 하지만 내가 준엄하게 "그만해, 그만하라고! 그 정도면 됐다니까!"라고 야단을 치면, 그는 어느새 정신을 차려 얌전해지고는, 부채를 펄럭거리며 내가 모이를 줄 때까지 기다렸다.

난처하게도 그는 내 몸에서 귓불이나 손톱 끝의 생살 그리고 물론 두 눈처럼 취약한 구석이 어디인지를 곧 알아냈으며, 이런 험악한 접전이 벌어질 때면 나는 물안경을 써서 자신을 보호해야 했지만, 어쨌든 그는 아침의 결투를 좋아했고, 그것이 날개를 위해서는 훌륭한 운동이 되었다.

하루 가운데 다른 시간에는 절대로 싸우지 않는다는 신사협정을 우리들은 충실하게 준수했고, 방문객들이 어쩌다가 귀찮게 굴면 그가 손님들에게 불시의 공격을 가하기는 했어도, 그는 이 협정을 위반하여 나를 실망시킨 예가 전혀 없었다. 그는 절대로 가문의 명예를 더럽힐 새가 아니었다.

그는 내가 그에게 하는 말을 목소리의 낌새로 미루어 거의 다 알아듣는 눈치였지만, 그에게 말을 가르치려던 나의 모든 노력은 조금도 성공을 거두지 못했다. 말하기와 가장 비슷했던 사례를 꼽자면, 밤이 되어 잠을 자라고 내가 새장을 덮어주려고 할 때 그가 자주 내고는 하던 소리로서, 보통 새들이 내는 것과는 아주 다르고 특이한 "엄-음-음-음"이라며 다정하고도 애처롭게 읊조리는 소리였는데, 마치 하루를 마감하면서 마지막으로 사랑의 인사를 하려는 말처럼 들렸다.

이 무렵에 나는 그의 식단을 보다 다양화했는데, 삼씨*와 상추와 사과와 달착지근한 과자부터 우선 추가했다. 카나리아풀*의 씨앗도 구해다 주기만 하면 기다렸다는 듯이 얼른 받아먹었으며, 살코기와 (특히 도버 연안에서 잡히는 혀넙치와 스코틀랜드산 연어 같은) 생선과 닭고기 구이도 즐겨 먹고, 온갖 잡탕

---

* 삼씨(hempseed)는 새들이 모이로 퍽 좋아하는 씨앗이다.
* 카나리아풀(canary grass)은 갈풀류에 속하며, 씨앗을 새의 모이로 많이 쓴다.

'모듬 요리'도 마다하지 않아서, 견과류만 제외하고는 사실상 싫어하는 음식이 거의 없었다.

하지만 그는 양파의 맛과 향기는 끔찍이도 역겨워해서, 에이레 스튜*에서 고기를 건져주기라도 하면 입도 대지 않은 채로 슬그머니 꽁무니를 뺐으며, 이러한 그의 모습을 보고 나는 (거위를 제외한) 조류들이 전혀 후각을 발달시키지 못했다는 일반적인 속설은 사실이 아닐지도 모른다는 의심이 들기도 했다.

가끔 나는 맛좋은 먹이를 가져다가 그에게 일단 구경을 시킨 다음, 아주 작은 조각 하나만 주고는 집안의 다른 곳으로 얼른 도망쳐 몸을 숨겨서 그의 애를 태우기도 했다. 그러고는 참새가 나를 찾느라고 이 방에서 저 방으로 분주히 돌아다니는 소리를 들으며 재미있어 했는데, 그의 작은 두 발이 (두터운 양탄자를 밟고 지나갈 때도) 빠른 속도로 톡-톡-톡거리는 소리를 내면, 아주 작은 기관총을 쏘아대는 듯싶었다. 그러다 내가 소리쳐 부르기라도 하면, 내 입술에서 첫 음이 떨어지기도 전에, 아마도 말을 꺼내려고 내가 숨을 들이마시는 순간에 미리 듣기라도 하는 모양인지, 그가 어느새 대답을 했고, 그렇게 놀이가 새

---

* 에이레 스튜(Irish stew)는 다진 양고기와 감자와 양파를 같은 비율로 넣은 음식이다.

의 승리로 끝나면 내 말이 미처 다 끝나기도 전에 그는 마땅히 받아먹어야 할 상품을 스스로 챙겼다.

집안에 혼자 남겨둬도 그는 상당히 흡족해하는 눈치였다. 나는 내가 없는 사이에 새가 불안하고 초조해하지나 않는지 확인하고 안심하려는 마음에서 가끔 창문을 통해 안을 들여다보고는 했는데, 내가 사라졌음을 깨닫고 나면 당장 그는 자리를 잡고 앉아서 모이와 장난감을 가지고 놀며 혼자 즐거운 시간을 보내는 듯싶었다.

나는 그가 가지고 놀도록 다양한 물건을 마련해주었지만, 그의 관심을 조금이라도 끌었던 대상은 머리핀과 성냥갑, 그리고 혼자서 내가 심심풀이로 치고는 하던 카드뿐이었다.

하지만 내가 집안에 있다는 사실을 일단 알고 나면 그는 장난감들을 거들떠보지도 않고 온통 나에게만 정신을 팔았다. 그는 참으로 끈질기고도 귀여운 성격의 소유자였다. 그는 한시라도 나에게서 눈을 떼려고 하지 않았으며, 그의 목소리와 작은 발이 타박거리는 소리가 집안의 모든 방을 가득 채운 듯한 느낌이 들 때쯤이면, 내가 양자로 들인 새들이 도대체 몇 마리나 되어서 이렇게 시끄러운지 헤아리기도 어렵다는 착각에 빠질 지경이었다.

그러면서도, 아무리 젊은 활력이 넘치고 기개가 충천하여 놀고 싶더라도, 그는 하루 내내 하시라도 내가 원하기만 한다면 기꺼이 나하고 함께 나란히 잠들었다.

내가 심한 홍역에 걸려 두 주일 동안 꼼짝도 못하고 침대에 누워 지내게 되었을 때, 참새는 그야말로 한없이 계속되는 환희의 경지를 누렸다. 하루하루가 그에게는 축제의 날이었고, 그의 삶은 "끊임없이 이어지는 기쁨의 연속"이었다. 그는 나하고 끼마다 음식을 나눠 먹었고, 거의 하루 종일 이불 밑에서 웅크리고 함께 잠을 잤으며, 가끔 한 번씩만 새장으로 돌아가서 대소변을 처리하거나 어린아이들이 즐겨 그러듯이 잠깐 군것질을 하고는, 즐겁게 짹짹거리면서 다시 얼른 나한테로 달려왔다.

아픈 나를 보살펴주려고 찾아왔던 지역 간호사를 상대로 그가 질투심을 못 이겨 어찌나 치열하게 싸움을 벌이고 야단을 치고 못되게 굴었던지, 참으로 재미있다고 생각했던 간호사의 얘기를 도저히 믿으려 들지 않는 환자들을 그녀가 데리고 와서 직접 확인을 시키기까지 했는데, 그런 결과로 그는 무더기로 찾아온 사람들과 단체전까지 불사하고는, 결국 그들을 모두 무찌르기에 이르렀다.

그러다가 하루는 어느 방문객이, 마당에서 발견한 어린 참새 한 마리가 붙임성이 좋아 보인다고 판단해서, 우리 참새더러 동무를 삼으라는 뜻으로 데리고 왔지만, 그는 당장 욕설을 퍼

부으며 공격을 개시했고, 너무나 사나운 반발에 당황한 우리들은 잠시도 지체하지 않고 둥지에서 어린 새끼를 초조하게 기다리는 부모에게 얼른 데려다 돌려주어야만 했다.

그는 이 사건으로 인해서 무척 마음이 상했던 모양이어서 숨이 턱에 찰 정도로 잔소리를 하고 불평을 늘어놓았으며, 결국 나는 그에게 삼씨를 뇌물로 제공함으로써 겨우 사태를 수습했다. 그는 내 손가락에서 삼씨를 낚아채더니 자존심이 상했다는 점을 만천하에 확실히 과시하고는 내 베개 뒤로 숨어버렸다.

우리는 그에게 친구를 소개하려는 이런 실험을 다시는 하지 않았고, 내가 건강을 되찾아 일을 하러 나가게 될 때까지 그는 만족스러운 마음으로 나에게 헌신적인 동반자 노릇을 계속 독점했다.

인류 역사상 부모로부터 버림을 받은 아이가 명성을 얻은 사례는 거의 없지만, 만일 전설을 믿어준다면 로물루스와 레무스\*처럼 유명한 예외적인 경우도 있기는 하다. 물론 버림받은 아이

---

\* 전설상의 로마 건국자인 로물루스(Romulus)와 레무스(Remus)는 현재의 로마 남동쪽에 있었던 알바 롱가 지역의 왕녀 레아 실비아가 처녀의 몸으로 낳은 쌍둥이 형제다. 왕위를 찬탈한 숙부의 명으로 두 아기는 테베레 강에 버려졌으나 늑대 젖을 먹으며 살아난 후 양치기의 집에서 자라 로마 건국의 시조가 되었다고 한다.

들 가운데 세상에서 가장 위대한 인물은 모세이지만 그는 어머니의 사랑과 보살핌까지 박탈당하지는 않았으며, 좋은 가정환경이라는 무한한 축복을 전혀 알지 못하며 살아가는 아이의 삶은 비극적이기가 보통이다.

하지만 나의 참새는, 비록 동족의 세계로부터 쫓겨난 존재이기는 해도 스스로 운명을 지배하는 능력을 보여주었으며, 세계 역사상 그의 동족 누구에게인가 과거에 오직 한 번밖에는 주어지지 않았던 영광의 자리에 올랐다. 그 이상한 얘기는 나중에* 다시 하겠다.

그는 이제 (행복하고 건강하며 자신만만한) 삶을 3개월이나 살았고, 그를 아는 모든 사람들이 어루만지고 귀여워해서 응석받이로 키우기는 했지만, 그래도 변함없이 사랑스럽고 온순하며 어느 모로 보나 말을 잘 듣는 아이로 성장했다.

행복한 그의 어린 시절은 그렇게 흘러갔다.

---

* 제3장 도입부 참조.

제2장

# 배우로서의 활약

    전쟁에서 벌어지는 절박한 상황들은, 그런 일이 없었다면 무명의 존재로 삶을 마쳤을지도 모르는 많은 사람에게 명성을 얻고 인정을 받는 기회를 마련해주기도 한다. (너무나 흔해져서 거의 눈에 띄지도 않을 정도가 되어버리는) 용기뿐 아니라, 그때까지는 잠복한 상태여서 누가 지니고 있는지 짐작조차 해본 적이 없는 갖가지 재능과 심지어는 천재성까지도 지극히 예기치 못했던 곳에서 각광을 받고, 어두운 고난의 시대를 배경으로 삼아 찬란하게 빛나기도 한다.

    그러나 알고 보면 우리 모두가 영감의 세계 언저리에서 살아가며, 우리들 가운데 가장 하찮은 사람일지라도 예술가의 잠재성을 얼마큼씩은 타고 난다는 것이 내가 믿는 바이다.

    나의 작은 참새까지도 독일군의 공습이 계속되던 암울한 시기에 나름대로 명성을 얻게 되었으니, 그는 배우가 되었으며, 비록 짧은 기간이기는 했지만 활동을 하는 동안만큼은 지치고 힘들어 하는 여러 런던 시민에게 순수한 기쁨을 주었다.

많은 사람들이 너무나 잘 기억하는 바와 같이, 9월에는 폭격이 본격적으로 시작되었다. 사이렌이 울려 근무를 하려고 그를 혼자 남겨두고 집을 나설 때마다, 나는 이제 그를 다시는 못 보게 될지도 모른다는 생각을 자주 했다.

그 달이 다 갔을 무렵에 지발성(遲發性) 폭탄* 하나가 우리 집 바로 뒤에 떨어졌을 때도, 현장을 벗어나 집으로 돌아가서 새를 찾아내어 보다 안전한 곳으로 피신시킬 처지가 아니었던 나는 이웃집이 연기에 휩싸여 타오르는 광경을 멀리서 구경하며 최악의 사태를 그냥 상상만 했을 따름이었다.

근무가 끝나자마자 집으로 달려간 나는 새장을 놓아둔 방으로 뛰어 들어가면서 소리쳐 불렀다.

"너 살아 있니?"

작은 목소리가 당장 대답을 했고, 주변의 연기가 걷히고 난 다음에 나는 그네에 앉아서 침착하게 기다리는 참새를 보았는

---

* 지발성 폭탄(delayed-action bomb)이란 비행기에서 투하하는 폭탄 중 땅에 떨어지고도 일정한 시간—몇 분에서 길게는 몇 주일까지 미리 조절된 시간—이 경과한 다음에야 터지는 종류를 말한다.

데—다친 곳이 아무 데도 없는 듯싶었다. 집안에서 말짱한 것이라고는 사실상 참새뿐이었으므로, 그것은 기적적인 천우신조였다.

새장의 지붕은 안쪽으로 찌그러졌고, 그의 머리로부터 5센티미터도 안 되는 곳에 벽돌 한 장이 얹혔으며, 바닥에는 깨진 유리 조각이 수북했지만, 그는 전혀 동요하지 않았다. 그런 위기 상황을 맞아서도 그가 다행히 그네로 몸을 피했고, 그래서 폭발의 영향을 최소한으로 받게끔 그를 도와준 힘이 본능이었는지 아니면 우연이었는지, 나로서는 알 길이 없었다.

포성이 요란하게 울리고 지축이 흔들리자 재빨리 그가 피난처를 찾아 피하고 사방이 다시 평온해질 때까지 조용히 흔들리는 그네에 앉아 얌전히 버티었다는 사실은, 나중에 곰곰이 따져보고 나서, 틀림없이 본능의 힘 때문이었으리라고 나는 믿게 되었다. 그는 공습이 벌어질 때, 보통 때보다 훨씬 폭음이 크게 울리면 한밤중에 시끄럽다고 짜증이 나서 비록 종을 울리고 횃대를 딸각거리며 흔들어대기는 했어도, 조금이라도 겁을 낸 적이 단 한 번도 없었다.

폭격으로 피해를 입어 집에는 당분간 사람이 들어가서 살 처지가 아니었기 때문에 우리들은 동네에서 훨씬 널찍한 빈 집을 하나 구해서 거처를 옮겼다. 이 집 역시 독일 공군의 표적이 되어 심하게 파괴되어서 창문도 없이 앙상한 몰골로 처량하게 서서 버티었지만, 폐허가 된 주변의 풍경에 비하면 훨씬 덜 참혹한 사정이었다. 어쨌든 그 집은 지붕이 멀쩡해서 비가 샐 정도는 아니었고 앞문도 제대로 달려 있어, 우리에게 어느 정도까지는 안식처 노릇을 해주었다.

우리들이 이사를 들어간 지 얼마 후에, 세상을 떠난 내 남편의 친척 몇 명이 폭격을 피해 그곳으로 옮겨와서는 우리와 함께 살았다. 나로서는 대단히 염려스러운 일이었지만, 이 사람들은 고양이를 한 마리 데리고 왔으며, 그래서 참새는 안전하지만 제한된 거처에서 지내야만 했다. 그는 하루 종일 빛이 제대로 들어오지 않아 침침한 위층의 작은 방에 갇혀 사는 신세가 되었고, 내 삶은 당연히 평상시보다 훨씬 불안한 나날이었다.

어느 날 아침에 나는 이 방의 문이 빠끔히 열렸음을 뒤늦게 알아챘고, 참새의 새장 앞에 고양이가 웅크리고 앉아서 안을 노려보는 끔찍한 장면을 목격했다. 참새는 적과 가장 가까운 쪽의 구석에, 바닥에 서서 거의 꼼짝도 하지 않았는데, (그 뒤쪽에 가만히 있기만 하면) 고양이와의 사이에서 효과적인 장벽 노릇을 할 유리 조각에 둘러싸여 있어 그나마 다행이었다. 나는 참새가 유일하게 안전한 장소를 의도적으로 선택하여 피신했을 만큼 총명했다고는 감히 주장하지 않겠다. 그것은 아마도 우연히 이루어진 요행이었겠으며, 아무튼 그 이후로 나는 문을 잠그고는 열쇠를 치워두었다.

작은 참새 친구에게는 암울한 생활이었으련만, 그는 나름대로 행복한 모양이어서 아무런 불평을 하지 않았다. 그나마 우리들은 폭탄이 쏟아지는 흥분의 순간을 맛볼 기회가 많아서, 이스트 엔드의 노부인*이 말했듯이 "그렇게 꽃이 만발하듯 피어오르는 공습의 불꽃을 보면 잠시나마 전쟁을 잊어버리고는 했지만", 참새를 각별히 즐겁게 해줄 일이라고는 하나도 없었다.

그로부터 얼마 후에 나는 상대적으로 빈곤한 런던 사람들이 거주하는 다른 지역의 방공호 초소에서 손이 모자란다고 하여 지원 임무를 맡아 파견을 나갔는데, 그곳에서 만난 동료 대원들 중에는 길거리 노점상과 막노동을 하는 사람들이 많았다. 나에게는 그것이 대단한 경험이요 교육의 기회였다. 처음에 그들은 내가 난데없이 불쑥 나타나서 간섭을 한다고 못마땅하게 여기는 눈치였어도, 시간이 지나면서 우리들은 아주 친한 사이가 되었고, 지금까지도 나는 그들을 다정하고 훌륭한 친구들로

---

* 이스트 엔드(East End)는 런던에서 가장 심하게 폭격을 당한 지역이었으며, 이 인용문은 전후에 언론 매체에서 수집한 증언 가운데 하나다.

기억한다.

　그들 하층민 특유의 이스트 엔드 식 농담은 정말로 웃음을 자아냈다. 내가 그곳에서 근무하는 동안 민방위 본부에서 날마다 내려 보내던 암구호(暗口號)는 걸핏하면 대단한 말장난을 탄생시키고는 했다. 어느 날 아침 내가 초소에 도착했을 때는 암구호로 선정된 '노비스(novice)'*라는 단어가 대체 무슨 의미인지를 놓고 마침 열띤 토론이 벌어지던 참이었다. 그 단어가 도대체 무슨 뜻이고 어떻게 발음해야 하는지를 아무도 모르는 듯싶었고, 넉넉한 집안에서 자라 제대로 교육을 받았다고 잘난체한다는 인상을 주기가 싫었던 나는 그들의 논쟁에 끼어들지 않았다.

　그러자 창문 닦는 일을 하는 S선생이 나타나서는 문제를 통쾌하게 해결했다. "헛소리들 그만해!" 그가 소리쳤다. "그건 'Pray for us(우리들을 위해 기도하소서)'라는 뜻이야." 그는 'Pray'를 'Pry'*라고 발음했다. "우리 어머니가 늘 부르던 'Ora pro novice'*라는 옛날 노래를 자네들은 모르나?"

　이 지역은 지난 이틀 사이에 벌써 열두 차례나 심한 고초를 당했기 때문에 그것이 아주 적절한 어휘의 선택이었다면서 대

---

\* 'novice'란 '초심자' 또는 '풋내기'를 뜻한다.

원들은 만장일치로 그의 설명을 당장 받아들였다. 창문 청소원이었던 이 사람은 매력이 넘치는 남자로서, 그곳에서는 생명과 영혼처럼 소중한 존재였고, 그가 "Damconteminition Squad"\*라고 호칭하던 부대로 자리를 옮기게 되었을 때, 우리들은 그를 보내기가 무척 아쉽기까지 했다.

모든 대원들의 용기와 꿋꿋함은 입에서 침이 마르도록 칭찬을 해도 모자랄 지경이지만, 적군의 활동이 뜸해진 지루한 시간에 그들이 겪어야 했던 권태감은 어찌나 사기를 저하시켰던지 나는 그들을 즐겁게 해줄 묘안이 없을까 한참 머리를 쥐어짰으며, 그러다가 퍽 우연한 기회에 그들이 어떤 다른 분야보다도 자연사(自然史)에 관심이 많다는 사실을 알게 되었다.

그러자 나에게 영감이 하나 떠올랐다.

---

\* 런던 사투리 발음의 대표적인 특징 중 하나에 따라 '기도를 드리다' 라는 뜻의 단어 'pray' 가 '몰래 엿보다' 나 '쓸데없이 남의 일에 참견하다' 라는 뜻의 'pry' 로 둔갑했다. 이 문장의 경우, 타향 사람들은 "우리들 대신에 염탐질을 해달라"는 말로 오해를 하게 된다.
\* 본디 'Ora pro nobis' 가 맞는 말로, 라틴어로 "우리들을 위해서 기도하소서"라는 뜻이며, 가톨릭 기도문에 자주 나오는 어구다. 여기서는 발음이 비슷한 novice와 nobis를 혼동했다.
\* 'Damconteminition Squad' 는 'Decontamination Squad', 즉 '오염 제거반'의 잘못된 발음이다.

참새에게 공연을 하도록 묘기를 훈련시켜서 따분한 시간에 우리 대원들을 즐겁게 해주면 어떨까 하는 생각이었다. 나는 당장 그를 손에 올려놓았고, 참새가 아무런 반대 의사를 나타내지 않자, 그가 가장 좋아하는 장난감들을 이용하여 몇 가지 간단한 재주를 가르쳤다.

그는 놀랄 만큼 쉽게 그리고 빨리 배웠으며, 나는 불안해하는 사람들이 많이 모인 여러 방공호 초소와 가정집으로 그를 데리고 다니며 순회공연을 시작했고, 그보다 더 자주 찾아간 어느 휴게소에서는 특히 어린이들로부터 대단히 열광적인 호응을 받았다. 그는 아이들을 실망시킨 적이 전혀 없었다.

참혹했던 당시의 몇 달 동안, 그가 어떤 참새보다도 훨씬 더 충실하게 그리고 유능하게 국가에 공헌했다는 것이 완전한 진실이라고 나는 자신만만하게 장담하겠다. 집과 모든 재산을 잃어버린 사람들은 그를 보면 잠시 동안이나마 시름을 잊었고, 겁에 질렸던 아이들은 마음을 놓고 즐거워했으며, 방독면을 씌워주려고 하면 고집스럽게 거부하던 시민들까지도 참새와 잠깐 놀게 해주겠다고만 하면 당장 얼굴을 내밀었다.

정말로 그는 공습이 한창 맹위를 떨치던 무렵에 연예인으로서 훌륭하고도 용맹한 활동을 전개함으로써 민방위대에서 상당히 중요한 인물로 부상했으며, 관객을 실망시킨 경우가 아주

드물었다. 적개심을 드러내며 내가 들어가지 못하도록 심술을 부리던 여러 가정집까지도, 어린 배우가 나하고 동행했다는 사실을 눈으로 확인하고 나면 얼른 미소를 짓고 반가운 인사를 하며 문을 열어주는 경우가 많았다.

그에 대해서 신문에 짤막한 기사들이 실렸고, 겉장에 그를 그려 넣은 축하 카드를 사람들이 열심히 구입하는 바람에 적십자는 큰 도움을 받았으며, 이런 소문과 카드는 영국뿐 아니라 점점 더 멀리 세계 각처의 가정과 병원으로 계속해서 퍼져나갔다.

그의 공연은, 오랜 역사가 깃든 자신의 푸딩 그릇에 점잖게 들어앉아서, 객석의 첫 줄에 늘어선 특별 관람권 소지자들로부터 삼씨를 받아먹으면서 시작되었다. 그런 다음에는 춤추는 무희처럼 경쾌하고도 가벼운 발놀림으로 그는 그릇 밖으로 튀어나와서, 아기 헤라클레스로 갑자기 변신하여 두 눈을 부릅뜨고 근육을 불끈거리며 머리핀으로 줄다리기를 하자면서 나에게 도전하고는 있는 힘을 다 해서 한쪽 끝을 물고 핀을 잡아당겼으며, 그러다 그가 승리하도록 내가 슬그머니 양보를 하면 그는 전리품을 입에 물고 의기양양하게 그의 본부 노릇을 하는 새장으로 돌아갔다.

막이 내리고 잠시 휴식을 취한 다음에 그는 마술사의 역할을 맡아 다시 무대에 등장하여, 대부분의 경우 관객 가운데 선발

된 어떤 사람이 미리 선정한 카드 한 장을 내가 다른 카드들과 함께 손에 들고 내밀면, 그는 내가 아주 조금만 앞으로 밀거나 몰래 손가락으로 가리키는 비밀 신호의 도움을 받아 그 카드를 골라내고는 했다.

이런 공연에 싫증이 나면 그는 놀이 카드 한 장을 부리에 물고, 한 번도 떨어뜨리지 않으면서 그것을 열두 번이나 빙글빙글 회전시키며 무대의 구석구석을 돌아다녔다. 내가 알기로는 이것이 그가 가장 좋아하는 묘기여서, 그는 찬란한 무대로부터 은퇴하고 다른 모든 묘기를 잊어버린 다음에도 여러 해 동안 스스로 터득한 이 재주를 혼자서 즐기고는 했다.

성냥 또한 그가 좋아하는 장난감이어서, 갑에서 한 개비를 꺼내 부리에 물고는, 작은 음악상자에서 나오는 노래에 맞춰 피리를 불듯이 한쪽 끝에서 다른 쪽 끝으로 이리저리 보내고는 했다. 반쯤 타고 남은 성냥개비를 주면 그는 얼른 받아 물고는 까맣게 탄 부분을 삼키면서 즐거워하는 표정이 역력했는데, 이런 모습을 보면 나는 야생 조류들이 소화를 돕기 위해 화톳불에서 장작이 타고 남은 숯을 집어 먹는다는 얘기가 진짜인 모양이라는 생각이 들기도 했다.

다과를 드는 휴식 시간에 그는 때때로『더 타임스』* 신문의 1면으로 들어가서 목욕을 하는 시늉을 했다. 보아하니 그는 신문에 인쇄된 글자들을 모래알이나 곤충으로 착각하는 듯했으며, 언젠가는 글자들을 하나씩 물어서 날개 밑에 품으려고도 했는데, 나는 이 행동이 '개미 잡이'\* 와 마찬가지가 아닐까 싶었지만 아쉽게도 현장에는 내 추측을 확인해 줄 조류학자가 아무도 없었다.

내 생각에는 사람들을 웃기려는 감각이 부족했기 때문에 그런 듯싶지만, 그는 보통 침묵을 지키며 공연을 계속하였으며, 어쩌다 그가 쩍쩍 울기라도 하면 대원들은 그것을 마치 재치가 넘치는 농담이나 명언쯤으로 받아들여서 객석이 온통 웃음바다가 되고는 했다.

하지만 가장 인기가 좋았던 그의 공연 레퍼토리는 유명한 '방공호 묘기' 여서, 늘 폭소가 터져 나왔고 사람들은 그에게 아낌없는 박수갈채를 한참씩 보냈다. 나는 그가 내 왼쪽 손바닥에 앉도록 (처음에는 그곳에 삼씨를 놓아둠으로써) 훈련시키고는,

---

\* 런던에서 발행되는 『더 타임스 The Times』를 가리킨다. 흔히 '런던 타임스'라고 부른다.
\* '개미 잡이(anting)'에 대해 생물학자인 헉슬리는 이 책 뒤 해설에서 "기생충을 제거하기 위해서 취하는 행동인 듯싶은데, 많은 새들이 개미를 물어서 날개 밑에 묻어두는 기이한 습성을 보인다."라고 설명한다. 개미 잡이는 한자로 '의욕(蟻浴)'이라고도 한다.

그가 자리를 잡고 앉으면 오른손을 오므려 얹어서 방공호처럼 지붕을 만들어주었다.

그런 다음에는 어떤 어휘들을 내가 반복하여 말해서, 그것을 신호로 삼아 그가 나름대로의 동작을 연결하도록 유도하기가 별로 힘이 들지 않았고, 얼마 후에는 내가 "공습경보다!"라고 말하기만 하면 그는 임시로 만든 손바닥 방공호로 냉큼 달려 들어가서, 몇 분 동안 거의 꼼짝도 않고 앉아서 기다리다가, 혹시 공습경보가 해제되지나 않았는지 알아보려는 듯 살그머니 머리를 내밀고는 했다.

이 놀라운 구경거리는 관객 가운데 나이가 어린 모든 손님에게 대단한 기쁨과 웃음을 주었고, 그들은 참새에게 그들 스스로 두 손을 이용하여 방공호를 만들어 제공하는 특전을 누리기 위해 길게 줄을 지어 기다리고는 했다. 하지만 관객보다 나에게 가장 큰 웃음을 준 사람은 약간 거만한 어느 노부인이었는데, 그녀는 손잡이가 달린 안경으로 참새를 한참 살펴보더니 이렇게 말했다.

"세상에! 정말 대단하고도 귀여운 짐승이로구먼! 냉혈동물치고는 대단히 뛰어난 지성을 소유한 모양이야!"

(내가 알기로는 참새의 정상적인 체온은 섭씨 43도 남짓이다.)

그렇게 몇 주일이 후딱 지나갔고, 비록 꽃다발 세례는 받지

못했더라도 우리들의 배우는 수많은 팬으로부터 그의 입맛에 훨씬 잘 맞는 갖가지 선물 공세를 받았다. 사실상 그는 어찌나 자주 푸짐한 대접을 받았는지 체중까지 늘기 시작했으며, 정신 상태가 나태해지고 자만심이 넘칠 위험성까지 맞게 되었다. 내가 죽어서 잊혀진 다음에도 오랫동안 많은 사람이 자식과 손자들을 모아놓고 독일 공군의 공습이 극심하던 시절에 그들에게 여흥을 베풀어주었던 참새에 대한 얘기를 해주리라고 나는 확고하게 믿는다.

희한한 우연의 일치지만, (내가 이 글을 쓰는 시점이 1952년임에도 불구하고) 바로 몇 주일 전에 내 친구 한 사람이 서식스\*로 휴가를 갔다가, 어떤 여자가 몇 명의 아이들에게 휴게소에서 이루어진 내 참새의 공연에 대한 회고담을 해주었더니 아이들이 넋을 잃고 귀를 기울이더라는 얘기를 나한테 전해주었다.

물론 공연장이 갑자기 폐쇄되는 바람에, 그래서 체면이나 격식 따위는 미처 차릴 겨를도 없이 인기 배우를 서둘러 새장 속으로 피신시켜야 하는 바람에, 자주 공연이 중단되기도 했다.

참새에게 이름을 지어주는 문제가 대두된 것은 이 무렵이었

---

\*서식스(Sussex)는 영국 잉글랜드 남동부, 영국 해협에 면해 있는 지방의 이름이다.

고, 그래서 다음번 대피반장 회의에서 그에 대한 토론이 벌어졌다. 그만큼 재능이 뛰어난 배우라면 포스터를 버젓하게 장식할 예명이 하나쯤은 있어야 당연했다.

내가 본디 그에게 지어주려고 염두에 두었던 이름은 '클라리사(Clarissa)'*였다. 그것은 참새에게서 수컷의 특성은 하나도 보이지 않고 가슴이 엷은 회색이어서, 내가 그를 암컷으로 잘못 보았기 때문에 선택한 이름이었다. 하지만 첫 털갈이를 하고 난 다음 그의 턱 밑에는 갑자기 명문 고등학교의 넥타이처럼 짙은 갈색과 검정색의 중간쯤 되는 무늬가 나타났는데, 이것은 참새가 남성임을 나타내는 상징적인 훈장이나 마찬가지였다. 따라서 그토록 노골적으로 여성적인 예명은 가당치도 않은 모욕이라고 여겨졌다.

"클래런스*라고 부르면 되잖아요!" 아이들이 아우성을 쳤고, 그래서 별로 어울리지는 않지만 그의 이름은 클래런스가 되었는데, 그는 클래런스라는 이름을 아예 받아들이려고 하지를 않아서, "보이(Boy)"라고 불러야만 반응을 보이고는 했다.

---

\* 클라라(Clara)나 마찬가지로 클라리사(Clarissa)도 'clear(맑다)'나 'bright(밝다)'라는 뜻을 담은 여성 이름이다.
\* 클래런스(Clarence)는 '클라리사'의 남성형이다.

나는 '폭격기가 좋아하는 달(Bomber's Moon)'\*이 하늘에 높이 떠서 휘영청 밝거나 폭격이 심해질 가능성이 보일 때면 절대로 그를 데리고 나가지 않았지만, 어쩌다가 한 번 우리들은 외출중에 공습을 받아 등화관제가 되는 바람에 캄캄한 어둠 속에서 오도 가도 못하는 처지를 당했고, 그래서 장래가 대단히 촉망되는 위대한 연기자가 생애를 짧게 마감하고 세상을 떠날 뻔한 모험을 겪고 말았다.

어느 아이들의 모임에서 그가 평상시의 실력을 능가하는 명연기를 보여준 다음, 우리가 집으로 돌아가던 중에 어느 젊은 병사를 만났는데, 그는 최근에 이 지역으로 이동해 온 새 진지에 배치를 받아 오는 길이라고 사정을 설명하고는, 우리 집에서 1.5킬로미터쯤 떨어진 곳에 위치한 비교적 외딴 그곳 군부대까지 안내를 좀 해줄 수 없겠느냐고 나에게 부탁했다. 그 부대와 진지는 둘 다 내가 잘 아는 곳이었고 젊은이는 이곳이 초행길이어서 낯설었기 때문에, 나는 그를 주둔지 정문까지 데려다주겠다고 선뜻 나섰다.

병사를 부대로 데려다주고 나서 갔던 길을 되돌아오는 도중

---

\* 'Bomber's Moon'은 달이 밝으면 폭격기들이 목표물을 찾아내기가 쉽기 때문에 붙은 '보름달'의 별칭이다.

에 내 손전등이 나가버렸고, 앞이 하나도 보이지 않을 정도로 캄캄한 어둠 속에서 나는 길을 잃고 말았다. 내가 사랑하는 꼬마 배우는 우리들이 가끔 여행용 마차처럼 사용하는 자그마한 상자 속에 다행히도 담아두었고, 부드러운 헝겊을 댄 이 상자를 내가 방위대원 제복의 품안에 넣고는 단추까지 단단히 채웠기 때문에 참새에 대해서는 그나마 안심이었다.

전에는 낯이 익었던 주둔지가 너무나 심하게 폭격을 당해서 폐허로 변한 나머지 나는 어디가 어디인지 알아보기도 어려웠고, 땅바닥은 달의 표면처럼 사방에 포탄 구덩이투성이였다. 이리저리 헤매고 돌아다니며 흙더미에 발이 걸려 자꾸만 넘어지다가 나는 어디 앉아서 정신을 좀 가다듬고 몸을 추스를 생각이었는데, 내가 기대고 앉은 물건이 무엇인지를 잠시 후에 살펴보니 놀랍게도 그것은 기차였다.

이 기차를 대피선에 세워두었는지 아니면 본궤도에서 잠시 정차한 상태인지는 알 길이 없었다. 별조차 없는 밤이어서 거의 칠흑 같은 어둠은 멀리서 하늘을 더듬는 탐조등의 희미한 빛을 가끔씩만 받을 따름이었다. 폭격이 소강상태로 접어들어 적기들이 부르릉거리는 소리가 잠시 조용해지자 나는 살려달라고 허공에다 대고 여러 차례 소리를 질렀지만, 아무런 응답이 없었다.

갑자기 기차가 출발이라도 할까봐 겁이 더럭 난 나는 벌떡 일어나서 몇 발자국 앞으로 달려 나갔고, 그러다가 깊고도 미끄러운 포탄 구덩이에 빠져 굴러 내려갔다. 우리들, 참새와 나는 밑으로 밑으로 미끄러져 내려갔고, 무거운 고무장화를 신은 나의 두 발은 결국 밑바닥의 질퍽한 흙과 물이 고인 웅덩이에 처박혔다.

참으로 다행한 일이었지만 이 지저분한 웅덩이는 내 무릎보다 깊지 않았으며, 악취가 진동하는 구덩이의 비탈을 타고 기어오르려던 미친 듯한 모든 노력이 수포로 돌아가자 나는 운명에 만사를 맡기기로 하고는 날이 밝기를 침착하게 기다렸다.

얼마 후에 나는 공습경보를 해제하는 사이렌 소리를 들었고, 작은 새가 상자 안에서 몸을 꼼지락거렸다. 그러고는 다시 사방이 고요해졌다. 기나긴 밤이었지만 다른 런던 사람들이나 마찬가지로 나는 위험과 불편함이 영원히 계속되는 오랜 기다림에 벌써부터 익숙해진 터였으며, 그나마 나의 동반자가 몸이 젖지 않고 따뜻한 상태여서 다행이었다.

마침내 동이 터왔고, 결국 나는 구덩이를 벗어나는 길을 찾아냈다. 온통 진흙으로 뒤덮이고 꽁꽁 얼어붙은 몸으로 나는 기다시피 해서 집으로 돌아갔다.

우리 집이 폭격을 당했을 때 말고는 이것이 참새가 전쟁 동안에 겪은 가장 심각한 모험이었다. 어쩌면 그는 그날 밤 대부분의 시간을 황홀한 잠에 빠져 보냈는지도 모를 일이지만, 나는 그를 해가 저문 다음에 밖으로 데리고 나가는 일이 다시는 없도록 조심했다.

안타깝게도 1941년 봄에 그는 공인으로서의 삶과 그것이 가져다주는 모든 화려함에 싫증을 내기 시작했고, 무슨 이유에서인지는 몰라도 지극히 소심해져서 공연을 할 의욕을 잃어갔다. 그는 또한 사람들의 손을 물어뜯는 못된 버릇도 생겨서 인기가 사양길로 접어들었고, 그래서 초소와 휴게소를 방문하는 일정도 중단되었다.

(모든 위대한 예술가들이 그렇게 하라는 선의의 충고를 듣고는 하지만) 정상에 올랐을 때 그가 품위를 지키며 은퇴하는 길이 가장 바람직하다고 나는 판단했다. 이때부터 그는 오직 우리 집에서만 기거하면서, 마음에 드는 유일한 동반자였던 나에게 전적으로 헌신했다.

전문적인 활동을 하도록 훈련을 열심히 시키기만 했다면 의심할 나위 없이 그는 아주 유명한 배우가 되었을지도 모른다. 나를 만나기 전에 그가 깨고 나왔을 작고 얼룩 줄무늬가 진 알을 만일 어미가 몇 년 후에 낳았더라면, 그는 텔레비전에서 최고의 인기를 누렸을 듯싶다. 하지만 혹시 그렇게 되었더라도 나는 그가 전문적인 연기자로서의 삶을 평생 즐겼으리라고는 생각하지 않으며, 동물들의 본성과 취향에 분명히 어긋남에도 불구하고 인간의 오락을 위해 계속해서 그들을 혹사하는 행위 또한 옳다고 생각하지 않는다.

내 참새가 연기를 잘 하는 새였음은 분명하지만 그것은 동아리 모임에서 솜씨를 자랑하는 차원을 벗어나지 않는 정도여서, 개인적이고 독자적인 판단에 따른 활동이었다. 그가 보여준 작은 묘기들은 비록 확실한 지능과 적응 능력을 보여주기는 했어도, 사실상 타고난 본능을 발전시킨 수준을 넘어서지 않았다. 그것들은 그가 그냥 좋아서 한 일들이었으며, 나는 그가 원하지 않는 것은 하나라도 강제로 가르친 적이 없었다.

그는 아기였을 때부터 그의 "비이성적인 본성이 허락하는 만큼이나마"* 내가 집안에서 하는 활동과 내 기분을 함께 나누었다. 내가 요리를 할 때면 그는 나를 빤히 지켜보았으며, 그가 좋아하는 음식이라면 무엇이라도 숟가락에서 받아먹었고, 내가

---

*『나니아 연대기』로 유명한 영국 소설가이며 학자, 종교가인 C.S.루이스(Clive Staples Lewis, 1898~1963)의 책 『고통이라는 문제 The Problem of Pain』에 나오는 구절("동물들로 하여금 그들의 비이성적인 본성이 허락하는 만큼이나마 하나님의 광휘를 이해하도록 도와주는 중개자가 인간")에서 따온 표현이다.

연주를 하면 내 손 위에 올라앉아서 음악에 귀를 기울였는가 하면, 내가 책을 읽는 동안에는 내 손목에 자리 잡고 앉아서 내가 손가락으로 짚어 내려가는 글자를 자주 살펴보았고, 내가 자려고 하면 그는 잠까지도 함께 자려고 했다.

하지만 자신이 즐기고 싶은 오락거리를 찾아 그는 언제라도 마음대로 나에게서 떠나가도 괜찮았다. 이렇게 함으로써 나는 그의 신뢰를 끝까지 잃지 않았으며, (이런 표현이 적절할지는 잘 모르겠지만) 그의 '훈련'은 우리들의 동반 의식에서 서서히 필수적인 한 부분이 되어, 그가 타고난 본성을 자연스럽게 드러내는 하나의 방식이 되었다.

첫 털갈이를 하고 나서 그는 정말로 아름답고 작은 한 마리의 참새가 되었다. 그는 몸가짐이 훨씬 우아해지고, 훨씬 고결해졌으며, 마당이나 시궁창에서 살아가는 그의 수컷 친척들보다 몸매가 훨씬 매끄럽고 날씬한가 하면, 깃털은 훨씬 더 화려한 빛깔을 자랑했다. 그뿐 아니라 그는 두드러지게 강한 노란 빛깔의 목도리를 둘렀으며, 샛노란 조끼와 앵초 빛 바지로 잔뜩 멋을 부렸다.

이토록 유별나게 눈부신 깃털은 아마도 달걀의 노른자를 많이 먹인 덕택인 듯싶었다. 이 훌륭한 먹을거리를 구하기가 워낙 힘들어져서 '달걀'이라는 말을 입에 올리기만 해도 세상 물정을 모른다고 남들에게 야단을 맞아야 할 지경에 이르러 노른자가 식단에서 거의 사라진 다음에는, 그의 깃털 빛깔이 눈에 띌 정도로 달라졌으니 말이다. 그의 부리와 발톱은 흑단처럼 반들반들 윤이 났고, '부채 날개'까지도 확실히 두드러질 정도로 장식적인 인상을 주었다.

  같은 종인 다른 참새들과는 벌써부터 뚜렷하게 달랐던 이 작은 새의 창조 과정에서 유전과 환경이 얼마나 우발적인 공모에 성공했는지 놀랍기만 할 따름이다. 이 두 가지 위대한 영향력 가운데 지금까지는 환경이 훨씬 더 강하게 작용했으리라고 나는 믿는다.

제3장

# 음악가의 삶

2000년 전에 카툴루스*는, 훗날 존 스켈턴*이 영어로 번역한 시에서, "춤도 추고 노래도 부를 줄 아는" 그의 유명한 참새에 관해 얘기했다.

그 이후로 다양하고 무수한 종류의 참새들이 지저귀고 짹짹거리며 여러 세기를 살아왔고, 그들에게 노래를 가르칠 수 있다는 사실이 많은 사람들에게는 차마 믿어지지 않을지도 모르겠지만, 내 참새가 아주 어린 나이에 음악을 직업으로 삼아서 떤꾸밈음*과 종지(終止)*를 구사하는 방법까지 터득했다는 내

---

* 카툴루스(Gaius Valerius Catullus, 기원전 84경~54경)는 로마의 뛰어난 서정시인이었다.
* 존 스켈턴(John Skelton, 1460경~1529)은 영국 튜더 왕조 때의 시인이자 해학가로, 헨리 7세의 궁정시인이기도 했다.

얘기만큼은 진실이라고 믿어주기 바란다.

그의 노래를 가장 먼저 들었던 특전을 누린 사람은 내가 아니었기 때문에 나는 그가 언제부터 노래를 불렀는지 정확하게 알지 못하지만, 그가 겨우 생후 6개월 정도였던 1941년 1월 언제쯤이었으리라고 확신한다. 그가 내는 여러 가지 소리가 참새들의 공통된 언어이기는 했지만 그렇지 않은 소리도 많았기 때문에, 나는 이미 그런 가능성을 벌써부터 인식했었다.

다양하고도 광범위한 그의 지저귐과 음색은 놀라울 지경이었으며, 계속해서 거기에다 새로운 음을 추가하여 마침내는, 아직 애송이에 지나지 않았음에도 불구하고, (지적으로 보다 상위층에 속하는 인물에 비유하자면, 윈스턴 처칠 수상처럼) 그의 세대에 유통되었던 가장 위압적인 어휘까지도 틀림없이 내휘둘렀으리라.

요람을 벗어난 이후로 줄곧, 그가 우리들에게 훈시를 할 때면 늘 (나치들의 경례를 흉내라도 내는 듯 부채 날개를 높이 치켜세우고) 꾸짖어대는 바람에, 아이들이 "히틀러의 연설"이라

---

\* 떤꾸밈음(trill = 비브라토)이란 높고 짧게 떨리는 소리로서, 으뜸음과 도움음의 빠르고 연속적인 반복으로 이루어진다.
\* 종지(cadence)란 음악의 일정 단위가 끝난다는 느낌을 주도록 두세 개의 화음을 연결한 형태를 말한다. '카덴차'라고도 한다.

고 놀렸던 그의 유명한 외침은 점점 길게 늘어나다가 결국 몇 차례 짤막한 휴지(休止)를 곁들여가며 거의 3분 30초까지 계속되기도 했다.

그런 발성이 들판에서 참새들이 지저귀는 소리와 어느 정도 닮았다는 사실은 나로서도 부정하지 않겠지만, 그래도 어쨌든 뚜렷한 차이가 분명히 보였으며, 웅변을 할 때처럼 그의 연설은 청중을 압도하는 엄숙한 서술로 시작하여 조금씩 높아지는 점강(漸强)의 기법을 거쳐서, 열정적으로 끓어오르는 절정으로 치솟아 오르고는 했다. 그러나 이런 열변을 들었다고 해서 어린 수사학의 대가에게 어떤 음악적인 재능이 잠재해 있으리라고 내가 믿어줘야 할 이유는 없었다.

그가 유아기를 벗어나던 무렵부터, 아니 그보다는 유아기가 시작되던 무렵부터 줄곧, 내가 근무를 나가지 않는 날의 이른 아침 시간이면 언제나 나는 그를 내 어깨에 앉히고는 피아노로 데리고 가서 한 시간이 넘게 연주 연습을 했다. 거의 첫날부터 그는 음악으로부터 영향을 받고 흥분 상태에 이른다는 사실이 분명해졌다.

연주가 계속되면 날개뿐 아니라 그의 몸 전체가 전율을 일으켰고, 그는 내 목을 물어뜯기도 했으며, 때로는 마치 감정이 지나치게 격해지기라도 하는 듯 목덜미의 살점을 조금 물고 비틀어서, 내가 치던 음계가 갑자기 단음(斷音, staccato)으로 토막이 나기도 했다. 이것이 그로서는 기쁨이나 고통 가운데 어느 쪽의 감정을 표현한 행동인지는 알 길이 없으며, 어쩌면 두 가지를 모두 나타내려는 반응이었는지도 모르겠지만, 어쨌든 나는 그래도 그가 노래를 배우게 되리라고는 추호도 상상해본 적이 없었다.

내가 돌봐주던 어린 새가 어느 날 위층 그의 방에서 고독한 석양 무렵에 혼자 노래를 부르면서 짧은 떤꾸밈음과 돈꾸밈음\*까지 연습을 하더라는 얘기를 우리 집에서 같이 지내던 피난민들이 나에게 전해주었을 때, 내가 얼마나 놀랐는지는 쉽게 상상이 가리라고 믿는다. 나는 그들이 잘못 들었거나 바깥에서 다른 새가 우는 소리를 들었겠거니 생각했으며, 몇 주일 동안 우리는 그 얘기를 다시 입에 올리지 않았다.

그러던 어느 날 아침, 욕실 수도꼭지를 돌려 내가 물을 틀었을 때 갑자기 나도 그 소리를 직접 들었는데—분명하고도 틀림없이, 자물쇠를 채워놓은 방에서 이상하고도 짧은 노래가 흘러나왔다. 그것은 지저귐으로 시작되었으며, 짤막한 돈꾸밈음으

---

\* 돈꾸밈음(turn)이란 본음 위의 음에서 시작하여 본음과 그 아래의 음을 거쳐 다시 본음으로 돌아오는 꾸밈음을 이른다.

로 이어지고는, 어떤 가락의 윤곽이 슬그머니 떠오르더니 (참새의 음역보다 훨씬 높은) 고음이 울리고, 놀랍고도 놀라운 일이었지만, 떤꾸밈음까지 등장했다.

나는 무엇에 홀린 듯 문간에 서서 귀를 기울였고 그는 열심히 연습을 계속했지만, 내가 방으로 들어서자 당장 노래를 그치고는 부채 날개를 파닥거렸다.

며칠 후에 나는 그의 노래를 다시 들었고, 봄철이 지나가는 사이에 그가 연습하는 시간이 점점 길어졌으며, 나중에는 하루도 빼놓지 않고 노래를 부르는 듯싶었다.

물론 그는 아직 배우는 학생의 신분이었기 때문에 어떤 공연 예약도 받아들이기를 당연히 거부했다. 그런 공연은 음악 예술의 품위를 떨어트리는 짓이었다. 참새는 노래를 부를 마음의 준비가 전혀 되지 않았는데, 어리석게도 내가 마음대로 초청했던 수많은 손님들은 그래서 내가 환청에 걸린 모양이라고 생각하며 돌아갔다. 하지만 무아지경에 빠져 미친 듯 연주를 하는 진정한 음악가답게, 그는 물이 흐르는 소리만 들으면 언제나 마법에 걸려들었고, 시간이 흐르는 사이에 나는 물소리가 음악적인 분출에 필수적인 자극제 노릇을 한다는 사실을 깨달았다.

초가을로 접어들자 그는 기존의 곡에다 짤막한 떤꾸밈음을 추가했고, 그의 노래가 상당히 수준 높은 작품으로 완성되었음을 알고 나는 굉장히 기뻐했다.

그 해가 다 저물 무렵에, (공습의 위협과 공포가 잠시 주춤해지자) 우리와 동거하던 피난민들은 그들이 데리고 온 고양이와 함께 포크스톤으로 돌아가, 작은 새와 나는 다시금 둘이서만 지내게 되었다. 나는 음악 교습을 다시 시작하여 기회가 날 때마다 그에게 피아노를 연주해주었고, 그가 스스로 피아노까지 나를 따라와서 내 어깨로 기어올라와 반주에 맞춰 노래를 부르기 시작하자 나는 무척 즐거워졌다.

이른 봄 어느 날, 공연 예약을 어린 음악가가 넉넉히 감당해내리라고 믿어줘도 좋을 정도가 되자, 나는 그가 오페라의 테너 가수로 활동을 개시하도록 비공식적으로 자그마한 음악회를 마련했다. 예닐곱 명이 초대에 응했으며, 차를 마신 다음에 음악 신동의 첫 등장을 위한 무대가 준비되었다.

청중이 피아노에서 조금 떨어진 자리에 앉았고, 성악가의 분장실 노릇을 하는 맞은편 방과 공연장의 문을 모두 활짝 열어놓은 가운데, 벅찬 기대를 하면서 사람들이 숨을 죽이고 기다렸다. 나는 건반 앞에 자리를 잡았고, 모든 손님의 시선은 문간의 마룻바닥에 집중되었다.

내가 연주를 시작한 다음 몇 분이 지나도 아무런 상황이 일어나지 않았다. 성악가는 모습도 보이지 않았고 목소리도 들려오지 않았으며, 나는 가슴이 철렁 내려앉았다. 그러자 누군가 조심스러운 목소리로 속삭였다.

"조용해요! 저기 오네요!"

그러고는 잠시 후에 자그마한 예술가의 모습이 문간에 나타났다.

솔직히 나는 그의 등장이 성공적이었다고는 장담하기가 어렵다. 그는 인상적인 모습도 아니었고, 별로 격조를 갖추지도 못했다. 아마도 이해가 가지 않는 주변의 분위기 때문에 약간 긴장감을 느꼈는지도 모를 일이었다.

하지만 양탄자가 깔린 벽난로 앞 마룻바닥에 이르자 그는 잠깐 걸음을 멈추고 연미복을 여민 (보다 정확히 표현하자면 부리로 꽁지 깃털을 하나씩 가다듬은) 다음에, 마치 고양이가 갑자기 쫓아오기라도 하는 듯 반쯤은 달리고 반쯤은 날다시피 하면서 방을 가로지르더니, 내 다리를 타고 기어올라서 어깨 위에 앉았다.

손으로 만져질 정도로 두툼한 방안의 정적 때문에 모두들 숨이 막혔다. 참새는 몇 분 동안 내 어깨 위에 가만히 앉아서 소리 없이 깃털만 다듬었으며, 그래서 다시 한 번 긴장감이 높아졌고, 나는 손님들에게 입장료를 환불해야 하지 않을까 하는 생각이 들 지경이었다.

피아노의 높은 음역에서 내가 떤꾸밈음과 파상음(波狀音)을 보다 빠르게 연주하자, 드디어 그는 목소리를 가다듬었고, 갑자기 「흑건(黑鍵)」\*의 반주에 맞춰 거침없는 노래가 터져 나왔다.

애달프게도 이것이 그에게는 성악가로서의 마지막 공연이 되고 말았으니, 손님들의 박수갈채에 얼마나 놀라고 겁이 났던지 그는 혼비백산하여 내 목을 타고 내려가 옷 속으로 몸을 숨기고는, 청중 앞에서 다시는 노래를 부르지 않게 되었기 때문이었다.

그렇기는 하더라도 우리 둘끼리의 오붓하고 다정한 연주회는 그 후에도 몇 년 동안 나에게 계속해서 기쁨을 주었다. 그는 떤꾸밈음이 들어간 음악과 빠른 속도로 연주하는 최고음부의 음계를 좋아했고, 나는 그가 어떤 곡을 하나라도 따로 구분해서 알았다고는 주장할 생각이 조금도 없지만, 특정한 곡들이 그의 취향에 각별히 맞아서 보다 즉각적으로 영감을 받아 반응하여 노래를 쏟아내고는 했다는 사실만큼은 의심할 여지가 없다.

---

\*「흑건(黑鍵)」(Étude Op. 10, No. 5)은 프레데리크 쇼팽이 작곡한 피아노 연습곡 중 하나다.

나는 그가 떤꾸밈음을 쇼팽의 자장가에서 배웠다고 항상 생각했지만, 그것은 물론 확실하게 증명할 길이 없는 사실이었다. 그는 이른 아침에 가장 노래를 잘 불렀으며, 내가 점점 더 빨리, 점점 더 높게 최고음부를 연주하면 그는 황홀경에 빠져 영혼을 쏟아내면서, 비록 선율은 그만큼 아름답지는 못할지언정 종다리에 버금갈 정도로 훌륭한 노래를 부르고는 했다.

내 참새의 노래가 최고의 경지에 이르렀을 때 녹음을 해두지 못했음을 나는 대단히 안타깝게 생각하는데, 그렇게만 했다면 그것은 틀림없이 영국 조류의 노래 자료관에 특이한 견본으로 소장되어 훌륭한 대우를 받아 마땅했겠지만, 당시에는 저 유명한 루트비히 코흐\*가 아직 영국에서 널리 알려지지 않았을 뿐 아니라, 녹음을 하기도 불가능했던 때였고, 막상 전쟁이 끝나서 우리들이 보다 정상적인 생활로 되돌아갔을 무렵에는 그의 노래 실력이 심각하게 퇴색한 다음이었다.

그의 노래 자체는 두 부분으로 이루어져서 서로 뚜렷하게 달

---

\* 루트비히 카를 코흐(Lidwig Karl Koch, 1881~1974)는 독일의 유대인으로 1936년 나치를 피해 영국으로 건너가 야생동물 소리 채집 전문가이자 방송인으로 활약했고, 줄리언 헉슬리의 도움을 받아 『야생 조류의 노래』, 『영국 조류의 노래』, 『동물 언어』 등 '사운드북'과 음반집을 내놓아 명성을 얻었다.

랐고, 때로는 한 대목만 따로 부르기도 했다. 사실상 옆방에서 그것을 들어본 사람들은 노래를 부른 새가 한 마리는 아닌 모양이라는 소리를 자주 했다. 서곡에 해당되는 첫 부분은 기쁨과 상쾌한 기분과 '삶의 환희(joie de vivre)'\*를 표현했지만, (본격적인 노래에 해당되는) 둘째 부분은 황홀함을 열광적으로 쏟아내는 듯싶었다. 그는 보통 두 부분을 모두 바장조로 부르고는 했지만, 내가 혹시 잘못 듣지 않았다면 둘째 부분은 (따로 부를 때면) 그 강렬함의 정도에 따라 단3도까지 음률의 높이가 달라지기도 했다.

서곡은 참새들이 흔히 지저귀는 귀에 익은 소리에서 시작했으나, 이른 아침에 가끔 우리를 짜증나게 만드는 그런 단조로운 음보다는 덜 거칠었고, 나중에는 으뜸음에서 딸림음까지 완전히 4도 음정이 낮아졌다. (바로 지금 내 방의 창 밖에서는 참새 한 마리가 바음에서 다음까지 4도 음정으로 지저귀고 있다.)

이 음정 다음에는 사음에서 다음으로 내려가는 완전한 5도 음정이 뒤를 잇고, 이렇게 되풀이되는 두 음정을 잔결꾸밈음\*

---

\* 'joie de vivre'는 프랑스 말인데 영미인들도 구태여 번역을 하지 않고 그냥 쓰는 경우가 많다.

이나 (때로는) 4개의 음으로 이루어진 떤꾸밈음이 장식하게 된다. 그런 다음에는 빠른 셋잇단음표가 다시 으뜸음으로 되돌아가는 과정이 거듭해서 반복된다.

내가 받아 적은 그 대목을 여기에 소개하겠다.

아쉽게도 나는 두 부분 가운데 훨씬 음악적이었던 노래의 후반부를 기록해둘 생각을 미처 못했었고, 나의 꼬마 성악가가 병을 앓게 된 다음부터는 연습조차 하지 않아서 몇 달째 노래를 들을 기회가 없었으므로, 이제는 정확하다고 조금이라도 믿을 만한 기록을 남길 방법이 없어졌다.

내가 전할 말이라고는 그것이 8분음표의 떤꾸밈음으로 시작하여, 높고 감미로우며 애절한 음으로 이어진다는 정도다. 그러고는 내가 확실하게 기억하지 못하는 음정으로 내려갔다가, 첫 번째보다 완전 4도가 높은 8분음표의 두 번째 떤꾸밈음으로

---

\* 잔결꾸밈음(mordent)은 주요 음에서 2도 아래를 거쳐 주요 음으로 되돌아오는 장식음을 이른다.

다시 올라갔다. 이 주제는 몇 차례 반복되었고, 때로는 갑자기 끝나기도 했지만 으뜸음으로 다시 올라가는 경우가 더 많았다.

우리나라 최고의 명금류(鳴禽類)*들에 비하면 그의 음조는 낭랑함이 부족했지만, 고음에 담긴 아름다움만큼은 의심의 여지가 없었다. 준비 단계에서 그가 음성을 조절하는 부분 이외에는 노래가 매우 독특하여, 내가 아는 바로는 어떤 다른 새의 노래하고도 같지 않았다. 새장을 창가에 두면 그의 노래는 길 아래쪽 저만치 멀리서 들어도 한 번에 확인이 가능할 정도였다.

그의 노래에서는 루바토*가 없었고, 지극한 기쁨의 순간에 급상하는 인상을 주기 위해 강렬함을 증가시키는 장치만 있었다. 털갈이가 시작되는 첫 주일만 제외하고 그는 일 년 내내 노래를 불렀으며, 성탄절에는 가끔 그가 캐롤을 불러 우리들끼리 자축하기도 했다.

나에게는 퍽 실망스러운 일이었지만, 두 떤꾸밈음 가운데 하나라도 여덟 개의 음을 초과했던 경우는 꼭 한 번뿐이었다. 그가 다섯 살이 되던 해 말에 섭섭하게도 그는 이 장식적인 요소들 중에서 보다 높고 음악적인 요소를 없애고는, 마치 목청을

---

* 명금류(鳴禽類)는 고운 소리로 노래하는 새들을 이른다.
* 루바토(rubato)는 음악 연주 기호로, 이 부분에서는 연주자가 획일적인 템포의 틀을 벗어나 감정 표현을 자유롭게 가감해도 된다.

가다듬기라도 하는 듯 거칠게 캑캑거리는 소리로 대치했는데, 한심하게도 그는 이 새로운 대목을 자랑으로 여기는 듯싶었다.

그의 예술성은 완벽하지는 않았지만, 참새들이 음악에 뛰어난 집단은 아닌 만큼, 한창때 그의 실력은 같은 종들 가운데서 상대적으로 인정을 받을 만한 수준이었다.

그의 야망을 자극하여 보다 위대한 노력을 하도록 부추기려던 나의 모든 시도는 성공하지 못했다. 나는 그에게 비어트리스 해리슨*이 연주한 「개똥지빠귀」 음반을 들려주었지만 그는 별다른 관심을 보이지 않았고, 오히려 진공청소기와 타자기의 소리를 더 좋아했다. 그는 BBC* 방송에도 무관심해서, 잠자리에 들 시간이 지났는데도 라디오 소리가 시끄러워서 짜증이 나면 나더러 어서 꺼버리라고 종을 울리거나 새장의 살들을 흔들어대며 잔소리를 늘어놓았다.

나는 카나리아들이 늘 그러듯 참새도 자기 모습을 보고 노래부르기를 바라면서 거울도 마련해주었지만, 이것 역시 그의 관

---

* 비어트리스 해리슨(Beatrice Harrison, 1892~1965)은 인도에서 태어난 영국의 저명한 첼로 연주자로, 14세 때부터 관현악단과 협연했다. 시골집의 야외에서 연습하다가 우연히 시작되어 십여 년을 계속한 개똥지빠귀들과의 '협연'이 유명하다.
* BBC(British Broadcasting Corporation)는 영국의 공영방송망이다.

심을 끌지 못했다. 대신에 그는 새장의 지붕에 달린 묵직한 놋쇠 종에 크게 호기심을 보여서, 그것을 이리저리 비틀어 고리에서 떼어낸 다음 끌고 다녔다. 때로는 밑두리 테를 부리로 물고, 때로는 추를 물고는 끌고 다니려니까 그의 시야가 완전히 막혀버리는 바람에, 그는 걸핏하면 거꾸로 떨어졌으며 그래서 결국은 종을 포기하고는 했다.

그가 이토록 엄청난 힘을 과시했던 까닭은 거울 속의 경쟁자에게 겁을 주려는 모양이었던 듯싶고, 그래서 내가 거울을 치워버렸더니 종은 고리에 얌전히 걸려서 무사하게 지냈다.

마지막 희망을 걸고 나는 하르츠 산맥 롤러 카나리아를 한 마리 빌려다가, 그의 새장에서 상당히 가까운 곳에 칸막이를 설치한 뒤 그 뒤에다 숨겨놓고는 카나리아가 부르는 노래를 몇 시간씩이나 들려주었지만, 참새는 손님의 솜씨는 아랑곳하지도 않고, 카나리아가 노래를 그칠 때까지 기다렸다가 본디 자신이 부르던 노래를 계속해서 부르고는 했다. 나는 참새가 카나리아의 흉내를 내거나 그와 경쟁을 벌이려고 털끝만치라도 시도하는 소리를 한 번도 들어보지 못했으며, 카나리아가 신이 나서 콜로라투라*의 예술적인 기교를 최대한 과시하면 참새는 곧 기가 죽어 잠잠해지고 말았다.

한 주일이 흘러가고 결국 실험이 실패로 끝난 다음에 내가 초

빙했던 새를 주인에게 돌려보내고 났더니, 내 참새는 마치 그 동안에 아무런 방해도 받았던 적이 없었다는 듯 평상시의 연습을 다시 시작했다.

그가 살아가는 과정에서 너무 늦은 시기에 이 실험이 이루어졌다는 점은 의심할 나위가 없었다. 그는 첫해에 피아노에서 노래를 배웠고, 비록 줄기찬 노력을 통해서 음조와 유연함이 발전하기는 했지만, 내가 앞에서 언급한 퇴화 문제 이외에도 그는 높낮이만 바꾸었을 뿐 기본적인 가락에는 변화를 주지 않았다.

그는 오직 자신의 특이한 재능의 개발에만 완전히 몰두했는데, 자기의 노래를 완벽한 수준으로 끌어올리려고 그토록 열심히 노력한 새는 세상에 다시 없으리라고 나는 확신한다. 그는 저마다의 작은 주제 하나하나를 수없이 반복하면서 끊임없이 연습을 계속했고, 자아 표현의 고뇌에 빠져 새장의 살을 마구 물어뜯고는 했다. 하기야 모든 진정한 예술가란 그러하지 않았던가! 그들이 학위를 받을 수 있는 유일한 대학은 오직 고통뿐이었다.

*콜로라투라(coloratura)는 성악곡, 특히 오페라 곡에서 기교적으로 장식된 부분을 말한다.

한때 내가 음악가로 활동했었기 때문에 집에서도 꾸준히 연습을 계속하지 않았더라면, 내 참새가 과연 노래를 부르게 되었을까? 나는 그 질문을 나 자신에게 자주 해보았다. 나는 스벤갈리*였고, 그는 트릴비였던가?

나로서는 알 길이 없다. 내가 확실하게 아는 사실은 모든 동물과 조류의 내면에는 지능이 잠재하고, 그것은 인간이 그들에게 베푸는 사랑과 보살핌의 정도에 비례하여 개발이 가능하다는 것이다.

이 가설을 증명하는 놀라운 얘기를 담은 문학작품이 많은데, 내가 읽어본 작품들 가운데 가장 감동적인 얘기는 유명한 단편소설 「퀘벡의 떠돌이 개(Tramp-Dog of Quebec)」로서, 바다로 떠난 주인의 마지막 모습을 보고는 다른 사람들이 제공하는 안식처나 애정을 모두 거부한 채 항구로 들어오는 배들을 5년 동안 하나도 빼놓지 않고 마중을 나가다가, 결국 마음의 병이

---

* 스벤갈리(Svengali)는 프랑스 출신 영국 작가이자 만화가인 조지 듀 모리에(George du Maurier, 1834~1896)가 1894년에 발표한 괴기소설 『트릴비Trilby』에서 화가의 모델이며 음치인 트릴비에게 최면을 걸어 그녀를 위대한 가수로 만드는 헝가리 음악가의 이름이다. 그 뒤 '타인을 원하는 대로 조종하는 흉악한 인물'을 뜻하는 보통명사로도 쓰여왔다. 앨프리드 히치콕이 영화화한 장편소설 『레베카』와 단편 「새」의 작가 대프니 듀 모리에는 조지 듀 모리에의 손녀다.

들어 죽었다는 내용이었다.

　버펄로 빌\*이 타던 애마는 그가 말에서 떨어져 벼랑 끝에 매달려 죽음의 위기를 맞자 도움을 청하러 집으로 달려가서는 마구 힝힝거리고 발굽으로 땅을 긁어대어, 결국 누가 이 말을 타고 사고가 난 현장으로 가서 그의 주인을 구조했다. 나중에 주인이 세상을 떠난 다음에는 관 속에 담긴 주인의 얼굴을 코로 문지르며 한없는 슬픔을 표현했다고 한다.

　내가 아는 얘기들 가운데 진실이라고 기꺼이 맹세할 수 있는 내용을 하나만 보태겠다.

　싱가포르가 함락되던 당시에 그곳 긴급 진료소의 책임을 맡은 의사였던 여성 선교사는 누가 데리고 온, 다리 하나를 다친 작은 잡종견을 접수했다. 여의사는 성심껏 개를 치료하여 며칠 후에 집으로 돌려보냈다. 다음 주일에 여의사와 간호사들은 무엇인가를 힘겹게 천막으로 끌고 오는 개를 보았다. 그녀가 치료해 준 잡종견이었다.

　개는 성당에서 훔친 듯한 무릎 깔개\*를 하나 가지고 왔는데,

---

\* 버펄로 빌(Buffalo Bill, 1846~1917)은 미국 서부 개척기의 유명한 들소 사냥꾼으로서, 나중에 서부 곡마단을 만들어 순회공연을 했으며, 많은 영화에 그의 이름이 언급된다. 본명은 윌리엄 프레더릭 코디(William Frederick Cody)다.

음악가의 삶　81

감사하는 마음을 나타내는 선물로 그것을 의사의 발치에 갖다 놓고는 즐겁게 짖어대고 꼬리를 한참 흔들어 보인 다음에 어디론가 사라졌다.

내가 들은 바에 의하면 모든 짐승들 가운데 영국의 소가 가장 미덥지 못하고 길들이기도 힘들다고 하지만, 그럼에도 불구하고 내가 어린 시절에 알았던 흰 수소는 코를 꿰지 않았어도 워낙 유순하게 말을 잘 들어서, 그를 먹여 키우던 농부가 이 소를 타고 우리 마을로 자주 찾아오고는 했다. 소는 코 굴레에 달린 밧줄과 농부의 목소리만으로도 몰고 다니기가 어렵지 않았으며, 주인이 볼일을 보는 동안 가게나 술집 앞에서 얌전히 기다려주고는 했다.

나는 어느 동물원에서 사육사가 "데이지"\*라고 이름을 부르기만 하면 강아지처럼 당장 달려오는 거대한 하마도 본 적이 있다. 동물의 지능에서 그보다 더 수준이 떨어지는 고슴도치와 두꺼비와 도마뱀까지도 가까이 다가오는 주인을 알아보고는 그에게 반응을 나타내는 경우도 나는 보았다. 이들 중 가장 수준이 낮은 짐승들보다는 분명히 새들의 지능이 훨씬 높겠지만,

---

\* 미사를 드리다가 바닥에 꿇어앉을 때 사용하는 깔개를 말한다.
\* 데이지(daisy)는 본디 국화과의 꽃 이름으로, 귀여운 여자아이에게나 어울리는 이름이다.

어쨌든 인간은 새들에 대해서 아는 바가 거의 없다는 것이 조류학자들의 공통된 견해다.

강아지가 주인의 흉내를 내면서 그의 특성들뿐 아니라 성격까지도 어느 정도 닮아가듯이, 내 참새는 자기도 모르는 사이에 여러 면에서 나를 닮아갔다. 그 예를 한 가지만 얘기하겠다.

편지나 소포, 아니면 나에게 큰 기쁨을 주리라고 믿을 만한 어떤 통신문을 받을 때면, 나는 그것을 얼른 열어보지 않고 시간을 끌면서 마치 반가운 손님이 오기를 기다리는 듯 몸을 단정하게 가꾸며 준비를 하고, 어느 정도의 품위를 지키면서 그 기쁨을 누리기 위해 마음까지 정리하는 습관이 있다. 혼자서 사는 사람들은 그런 이상하고도 특이한 습성을 키우는 경향이 강하다.

그와 상당히 비슷하게 나의 작은 새는 각별히 맛좋은 한 입의 어떤 먹이나 크림과 설탕 한 숟가락을 내가 곧 먹여주리라고 예상할 때마다, 흔히 그에 대한 준비를 하느라고, 특별히 선정한 자리로 찾아가 앉아서는 깃털을 정성껏 가다듬은 다음에야 선물을 받았다. 이런 일은 그가 병이 들기 전까지 오랜 기간 동안 자주 반복되었기 때문에 우연의 일치라고 넘겨버리기가 어렵겠고, '습성'이라고 해도 무리가 없겠다.

나는 노예처럼 비굴하게 동물들에게 헌신하는 행위라면 찬성

하지 않겠지만, 그래도 잔인한 행동이나 비열하게 보일 만큼 이기적으로 자신에게만 헌신하는 태도보다야 그것이 더 낫다고 믿는다. 나는 "동물들은 제자리에 그대로 둬야 한다"는 주장에 동의하지만, 인간은 그곳 '제자리'가 어떤 상태여야 하는지를 상당 부분 잊어버렸으며, 전체적으로 볼 때 이른바 온갖 미물들에 대한 책임을 인간이 저버렸다고 나는 생각한다. 지난 백 년 동안에 그나마 몇몇 나라에서 대중의 의식이 깨어나고, 동물과 조류를 보호하는 많은 단체들이 생겨났다는 사실은 하느님에게 감사를 드려야 할 일이다. 그렇지만 오늘날의 영국에서도 혐오스러운 사악함, 즉 강철 이빨이 달린 덫을 우리는 여전히 만난다.

일단 두려움을 떨쳐버리고 나면 동물은 애정에 반응을 하고, 우리들이 잘 알다시피 그 결과는 놀라운 경우가 많다. 내 참새가 노래를 부른 까닭은 내가 연주를 했기 때문이고, 내가 그를 사랑한다는 사실을 알았기 때문이었다. 조금 전에 내가 제기했던 문제에 대한 해답이 그것이라고 나는 믿는다.

작은 목구멍을 떨어가면서 부채 날개를 팔딱거리던 무렵에 참새의 사진을 찍어두었더라면 얼마나 좋았을까 싶지만, 불행히도 그럴 기회는 영원히 사라지고 말았다. 뒤틀려서 발딱 일어섰던 날개는 털갈이를 할 때마다 사실상 조금씩 기울어지며

뒤로 눕다가, 열한 살이 되었을 때는 별로 눈에 거슬리지도 않을 정도가 되었다. 나는 그것이 안타까운 일이라고 생각하는데, 일어선 날개는 그가 다른 새들과 차이가 나는 독특한 하나의 면모였으며, 만일 개성의 힘과 용기만 충분하다면 어떤 신체적인 불구는 탁월한 기품이 되기도 하기 때문이다.

그가 네 살이 되었을 때는, 불안해 보이기는 하면서도 점점 더 자신감을 갖고 날아서 방을 횡단할 정도가 되었다.

쉽게 상상이 가겠지만, 젊은 성악가는 곧 동네의 야생 조류들로부터 관심을 끌기 시작했다. 나는 주변의 수풀에 들어가 숨어서, 그들이 때로는 혼자, 때로는 두세 마리가 함께 참새의 새장이 놓인 창가로 날아와서 서로 밀치며 앞을 다투어 대단히 놀란 표정으로 나의 참새를 열심히 구경하는 모습을 지켜보았다.

만일 새들이 천성적으로 수다가 심하다면 아마도 여러 수풀과 지붕 위에서는, 밖으로 나갈 수가 없는 집에서 살며 어느 누구하고도 상당히 다른 방식으로 노래를 부르고 날개가 구부러진 그들의 이상한 친척에 대하여 많은 소문이 나돌았으리라. 참새들과 박새들, 그리고 어쩌다 찾아오는 울새 한 마리가 내 참새에게 가장 큰 관심을 보였고, 나는 그들이 무슨 말을 하는지 이해할 만큼 새들의 언어를 잘 알았더라면 얼마나 좋았을까 하는 생각도 들었다.

그러면서도 나의 참새는 지상의 모든 명금류와 마찬가지로 혼자만의 조용한 시간, 특히 한낮의 휴식을 좋아했다. 함께 평화로운 명상에 잠기며 즐기던 기나긴 시간들은 우리들의 완벽한 동거에서 결코 작은 부분이 아니었다. 나는 소음을 좋아하는 사람이 아니고, 그렇다고 해서 지나치게 많은 노래의 선율도 그리 좋아하지 않는다. 나는 내 사색의 그림을 걸어놓을 침묵의 벽을 좋아한다. 침묵 속에 자리를 잡은 사색의 그림이 신통치 않다는 느낌이 들 때는, 내 생각보다 훨씬 훌륭한 다른 것들로 그림을 바꿔 걸면 그만이었다. 음악은 인생의 뿌리 자체에 자극과 위안을 주고, 영감을 불러일으키며 삶의 뿌리가 깊어지도록 해주지만, 인간의 영혼은 고요한 정적 속에서 성장한다.

만일 내 참새가 제대로 좋은 짝을 만났다면, 그리고 그의 새끼들 가운데 한 마리가 비슷한 환경에서 성장했다면 역시 노래를 부르게 되었을지, 그리고 어쩌면 보다 높은 음악의 경지에 이르렀을지가 나는 자못 궁금하다. 그가 평생 독신 생활을 했기 때문에 그 궁금증에 대한 해답은 찾을 길이 없다.

그의 목소리와 신체적인 외모, 깃털의 아름다움과 지능에 관해서 얘기하라면, 나는 그가 6년과 7년째에 최고의 수준에 이르렀다고 생각한다. 아마도 그 무렵이 야생 참새들에게는, 들판에서 겪는 온갖 힘겨운 역경과 위험을 이겨내며 다행히도 그 나이에 이르기만 한다면, 삶에서 최고의 절정기인지도 모르겠다.

그가 노래를 불렀던 모든 순간들 가운데 나를 가장 황홀하게 했던 것은, 하루를 시작하는 첫 인사를 하려고 나에게로 날아오면서 「새벽의 오바드」*를 부를 때였다. 그 노래는 영원히 지워지지 않는 소중한 추억으로 내 마음속에 남으리라.

---

\* '세레나데'가 저녁에 부르는 사랑의 노래인 반면에 '오바드(aubade)'는 프랑스어로 '아침에 부르는 사랑의 노래'라는 뜻이며, '새의 지저귐'이라는 의미로도 쓰인다.

제4장

# 사랑의 행로

 사랑의 얘기가 들어가지 않는다면, 어떤 인물의 전기라고 해도 사람들은 어딘가 부족한 구석이 남는 기분이 든다. 그런 얘깃거리를 끈질기게 찾아내려고 '저명한 고인(故人)'이 누구하고인가 남몰래 주고받은 편지들을 발굴해내려는 전기 작가들의 조금쯤은 부도덕한 노력으로 미루어보아, 어쨌든 대중의 취향은 그런 쪽으로 기우는 듯싶다.

 하지만 (혹시 그런 '행로'가 한 번이라도 있었기나 한지는 모르겠어도) 나의 참새가 걸어온 사랑의 행로는 애매모호하고, 덧없고, 미숙한 편이었다. 혹시 큐피드의 화살이 그의 어린 마음을 맞힌 적이 있었다고 하더라도, 틀림없이 그 화살들은 살짝 스치기만 하고 튕겨 나가서 아무런 상처도 남기지 않았으리라.

바깥에서 살아가는 야생의 새들을 그가 절대로 보지 못하도록 금했더라면 오히려 그것이 참새를 더 배려하는 현명한 행동이 아니었을까 하고 나는 가끔 궁금한 생각이 들기도 한다. 그랬다면 아마도 그는 죽을 때까지 몸만 자란 아기새처럼 살아가고, 어쩌면 훨씬 더 만족스럽게 나의 동반자 노릇을 했을지도 모른다. 하지만 신선한 공기와 빛은 그의 건강에 크게 도움이 되었고, 전체적으로 볼 때 내 생각에는 어쨌든 그렇게 함으로써—그가 끝내 끼어들지 못할 자연의 세계를 구경만 하면서 혹시 희미하게나마 박탈감과 좌절감을 느꼈을지는 모르지만—대단히 중요한 존재로서 사랑을 받는다는 훨씬 확고부동한 인식으로 인해서 충분한 보상을 받았을 듯싶다.

참새의 삶에서 처음 4년 동안에는, 자주 창턱에 앉아서 놀기는 했어도, 그는 창 바깥쪽에 존재하는 어떤 사물에 대해서도 조금이나마 관심을 보였던 적이 없었다. 그의 작은 세상에는 나밖에 아무도 존재하지 않았으며, 내가 언젠가 한 번 그를 정원으로 데리고 나갔을 때는 내 옷 속으로 몸을 감추기도 했었지만, 그가 들어앉은 새장을 창가에 세워두기 시작한 다음에는 자꾸만 더 가까이 다가오면서 지저귀고 파닥거리는 야생의 삶을 참새도 서서히 인식하게 되었다.

서서히 이루어지는 이런 깨우침의 과정이 나에게는 흥미진진한 관찰의 대상이었으며, 야생 조류들과의 새로운 친밀감은 그에게 여러 면에서 변화를 가져왔다. 그들은 그에게 두려움이 무엇인지를 가르쳤는데, 실제로 보여주는 행동을 통해서는 부분적으로만 설명을 하는 듯싶었으며, 내가 잘 모르는 사이에 어떤 미지의 방법으로 가르치는 모양이었다. (전에는 눈앞에 나타나더라도 겁을 안 내고 무관심하기만 했던) 고양이의 모습이 눈에 띄기만 하면 언제부터인가 그는 당장 발작을 일으킬 지경이어서, 나는 유리창의 아래쪽에 얇은 천을 커튼처럼 드리워 참새가 나무들과 하늘은 보더라도 땅바닥에서 지나다니는 동물은 하나도 보이지 않게끔 해주었다.

그런가 하면 그는 무엇이 공중에 걸려 있거나 머리 위로 지나가기만 하면 불안감을 드러내기 시작했고, 솔개가 매암을 돌듯이 내가 그의 위쪽으로 손을 들면 그는 깃털을 납작하게 몸에 붙이고 손을 올려다보고는 겁을 먹은 듯 몸을 움츠렸다.

하지만 그의 '그랑 기뇰'*에서는 창문을 닦는 사람이 주연배우 노릇을 했다. 상당히 납득이 갈 만한 얘기지만, 괴이하게

---

* 그랑 기뇰(Grand Guignol)은 19세기 말에 문을 연 파리의 극장 이름인데, 이후 이곳을 중심으로 하여 유행했던 선정적인 괴기 공포극을 뜻하는 말로도 쓰이게 됐다. '기뇰'은 본디 프랑스의 인형극에 등장하는 인형의 이름이다.

덤벼들고 빙글빙글 돌아가는 동작을 계속하는 남자의 손이 아마도 거대한 육식동물의 앞발을 연상시켰을지도 모르겠는데, 이유야 어쨌건 간에 그것이 촉발시킨 공포가 어찌나 확실했던지 나는 창문 청소가 있을 때면 새장을 옮기고 검정 헝겊을 덮어줘야만 했다.

그가 동지들이 부르는 소리에 화답을 하느라고 가늘고 높고 찢어지는 듯한 음조로 삑삑거리면서 (이때쯤에는 짧막한 거리를 겨우 날아갈 힘이 날개에 붙었던 터인지라) 채광창으로 정신없이 날아가는 모습을 지켜보면서 나는 마음이 쓰라렸던 적도 여러 번이었지만, 그러다가 몇 주일도 되지 않아 막상 다른 새들이 별로 겁도 없이 방안으로 들어오면, 그는 그들에게 냉담한 태도를 보였다.

그럴 때면 그는 "저 친구들을 내가 아는 체해줘야 되는 건가요?"라고 물어보고 싶다는 듯, 어울리지도 않게 얌전을 빼는 표정으로 나를 올려다보고는 했으며, 그들이 마침내 돌아간 다음에야 안심이 되는 눈치였다. 바깥 새들이 벌이는 갖가지 활동 가운데 그가 함께 어울리고 싶은 욕구를 조금이나마 드러냈던 것은 그들이 작은 집단을 이루어 패싸움을 벌이면서 수풀 속에서 곤두박질을 치고 야단법석을 부릴 때뿐이었는데, 사실 그는 싸움질을 워낙 좋아했기 때문에 아마도 그들에게 한두 가지 실력을 과시하고 싶어서 그랬는지도 모르겠다.

그의 발치에 그야말로 온몸을 내던지듯 하며 상당히 노골적으로 덤벼드는 박새들이나 참새들에 대해서는, 내가 알기로는, 그가 눈길을 끌려고 자태를 뽐내거나 조금이라도 관심을 나타내며 반응을 보인 적이 없었다. 그럼에도 불구하고 결혼한 여자들(이라기보다는, 보다 안전하게 표현하자면 결혼 적령기를 맞은 처녀들)이 봄과 여름에 줄지어 그를 찾아와서 염치 불고하고 공개적으로 그들의 사랑을 고백하기도 했다.

줄기차게 찾아오는 울새 손님도 한 마리 있었고, 자꾸만 잔소리를 늘어놓고 쪼아대는 남편들을 동반하고 나타난 참새들이 방안으로 날아 들어와서 내 침대 언저리에 늘어앉아 시끄럽게 재잘거리기도 했는데, 자리가 더러워질까봐 걱정이 된 나는 그들을 결국 밖으로 몰아내야만 했다. 이 마지막 단체 손님들은 물론 할 일도 없는 김에 호기심을 느껴 떼를 지어 날아든 듯싶은 한가한 소풍객들이었다.

보아하니 그에게 홀딱 반한 듯한 여성들 가운데 가장 멍청하고 감상적인 새는 어느 작은 푸른박새였다. 그녀는 그가 자리를 잡은 창가에 새벽부터 해질녘까지 끊임없이 출몰해서는 오르락내리락 날개를 퍼덕이고, 창문을 쪼아대기도 하고, 자신의 따뜻한 정열을 제발 받아달라고 처량하게 애원했다.

내가 채광창을 열어주자 그녀는 당장 쏜살같이 날아 들어와서는, 바로 옆에 내가 서서 자꾸 말려도 전혀 아랑곳하지 않고 그의 새장 옆에서 제자리 비행을 하거나 지붕 위에 올라앉아서는 지극히 처녀답지 않은 태도로 날개를 떨어댔다. (남자들이란 꼴불견을 본디 싫어해서 신경질적인 여자라면 아주 점잖게 피해버리는 경향이 강한 터여서) 그는 남자답게 그녀를 아예 못 본 체하며 무시해버렸다.

이럴 때면 대부분의 경우에 그는 아무렇지도 않은 듯 모이를 먹는 식당으로 내려가서, 씨앗을 까는 솜씨를 굉장히 멋지게 과시하면서, 내가 아가씨를 손으로 밀어서 쫓아내 그를 귀찮은 처지에서 해방시켜 줄 때까지 딴청을 부리며 얌전히 기다리고는 했다.

꼬마 푸른박새 아가씨는 철이 세 번이나 바뀌도록 계속해서 그를 사모하며 애걸복걸 쫓아다녔지만, 그녀의 청순한 미모와 미려하고 여성적인 애교도 전혀 소용이 없었다. 참새의 마음은 철석같이 굳었고, 짝사랑의 애달픈 눈물을 여름밤의 포근한 어둠 속에서 박새 아가씨가 얼마나 흘렸는지는 모르겠어도, 그것은 다 유리창 바깥쪽에서 벌어진 일이었다.

그녀가 나중에 어떻게 되었는지 나로서는 알 길이 없다. 어쩌면 '백합 아가씨' 일레인*처럼, 그녀의 랜슬롯*에 대한 사랑을 못 이겨 상사병으로 숨을 거두었는지도 모를 일이고, 우리들이 살던 교외의 단층집 작디작은 장미 정원에는 빛나는 배와 반짝이는 강*이 없었으므로, 눈물조차 흘리지 않았을 송장벌레들이 어린 그녀의 시체를 아무도 모르게 무덤으로 끌고 갔을지도 모르겠다.

나의 참새에게는 이 모든 사건이 그가 출연조차 하지 않는 타인들의 연극처럼 그냥 지나가버렸을 것이다. 다른 새들과 자신의 관계를 끝까지 제대로 이해하지 못했던 그는 평생 동안 창밖의 새들 때문에 수수께끼와 같은 아리송한 삶을 살았으리라고 나는 생각한다. 그렇기는 하더라도 내가 침대에서, 아니면 그냥 문간에서 그를 부르기만 하면 참새는 다른 모든 존재를 몽땅 잊어버리고는 내 목으로 날아와 깃을 들이고는 했다.

하지만 그는 3월부터 10월까지 나를 상대로 해서 애정 공세

---

* 영국의 아서왕 전설에 나오는 '백합 아가씨' 일레인(Elaine the Lily-Maid)은 아스톨라트 지방 성주의 딸로서, 원탁의 기사인 랜슬롯을 짝사랑하여 식음을 전폐하고 눈물만 흘리다가 죽었다고 한다.
* 랜슬롯(Lancelot 혹은 Launcelot)은 원탁의 기사들 가운데 가장 유명한 인물로, 아서 왕의 아내 귀네비어와 깊은 사랑을 했다.
* 백합 아가씨 일레인의 시신은 그녀의 유언에 따라 배에 실려서 아서왕의 궁전이 있는 캐멀롯(Camelot)까지 강물을 타고 떠내려가 랜슬롯에게 전해졌다고 한다.

를 벌이느라고, 내 손과 팔을 타고 거들먹거리며 오르내리고 두 날개와 꼬리를 펼쳐 보이고, 볏을 발딱 세우고는 나를 올려다보는가 하면, 계속해서 절을 하며 온갖 낯익은 구애의 동작을 실시했으며, 내가 혹시 무엇인가를 갖다 놓으려고 침대로 가까이 가기라도 하면 그는 새장 안에서 빙글빙글 매암을 돌고 달리면서, 더 이상 지체하지 않고 어서 나에게로 와서는 함께 살림이라도 시작해야 한다는 듯이 초조하게 문을 쪼아대고는 했다.

내 생각에는 이 무렵부터 우리 둘이서 함께하는 솜털 이불 밑에서의 오후 낮잠이 그에게는 새로운 의미를 갖기 시작했고, 아기였을 때 둥지 노릇을 했던 침대가 그의 어린 마음속에서는 어느새 자신이 스스로 마련한 둥지로 바뀐 모양이었다. 그가 성냥개비나 그보다 자신이 더 소중하게 여기는 머리핀을 열심히 물고 와서는, 마치 누가 엿보거나 뒤를 밟지나 않는지 걱정이 되는 듯 주위를 살피며 조심스럽게 은둔처로 접근하는 일이 자주 벌어졌는데, 아마도 주춧돌로 쓰려고 했는지도 모르겠는 이 보물들은 그가 막상 보금자리 터에 마침내 자리를 잡기도 전에 항상 내버리거나 잃어버리고는 했다.

그는 작은 몸을 꼼틀거리면서 가장 마음에 드는 자리로 기어들어서는 이부자리를 쪼고, 물고, 끌어당기면서 훨씬 편안하고

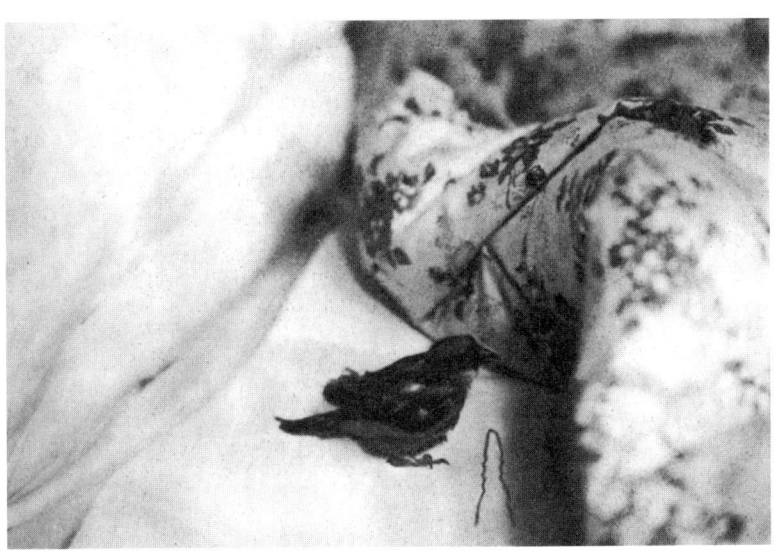

동그란 모양이 갖추어질 때까지 부리로 야단스럽게 다지는 작업을 했다. 나는 그가 머리핀을 물고 내 얼굴 위로 뛰어 건너갈 때마다 눈을 감아야만 했는데, 어쩌다가 핀을 떨어트리기라도 했다가는 마치 그것이 내 잘못이라는 듯 그는 나에게 벌을 주느라고 쪼아대고는 했다.

적어도 태생이나 유전에 있어서는 야생이었던 새가 본격적으로 둥지를 지으려는 시도를 전혀 벌인 적이 없다는 사실은, 좀 놀라운 일이라고 여겨진다. 만일 그가 마음에 드는 암컷을 만나 짝짓기를 했다면 물론 둥지를 마련했겠지만, 그것도 우리들로서는 결코 알아낼 길이 없다.

나는 그에게 자주 마른 풀잎이나 이끼, 깃털이나 지푸라기, 그리고 대자연으로부터 그가 건축가로서 타고난 능력을 발휘하여 돈을 내지 않고도 수월하게 구입했을 만한 다른 재료들을 마련해주기도 했지만, 그는 아예 못 본 체하거나 기분이 상했다는 듯 도망쳐버리기가 일쑤였다.

심지어 나는 그에게, 정원에서 살아가는 그의 친척들이 목숨을 걸고 덤벼들 정도로 좋아하는 달맞이꽃도 한 그루 갖다 바쳤으나 그는 역겹다는 표정으로 그것을 침대 가장자리에 내버려두고 가버렸다. "노란 달맞이꽃은 그에게 그냥 한 송이 꽃이었을 뿐, 그 이상 아무것도 아니어서",* 그는 다시 머리핀에만 열중했다.

  참새는 그가 편애하는 이 건축 재료를 내 머리카락에서 채집했는데, (보나마나 그가 가져다 쓰라고 누군가 그곳에 일부러 모아놓았으리라고 생각했던 모양이지만) 침대로 그것들을 일단 끌고 들어가기는 하더라도, 결국 쓸모가 없다는 판단을 내리고는 그냥 내버리기가 보통이었다. 아마도 그는 속에 용수철을 넣고 화려한 덮개를 씌운 내 꿈나라(Slumberland)* 표 매트리스 정도라면, 어떤 둥지에 들어가서 사는 입주자라도 넉넉히 포근하고 따스하게 보호해주리라고 판단했던 듯싶다.

  물론 나는 알아서 눈치껏 내 자리를 지키다가 재빨리 그의 말동무가 되어줘야만 했으며, 내가 그의 곁을 벗어났다 하면 그는 내가 돌아오기를 얌전히 기다리거나, 혼자서 시간을 보내려고 그의 새장으로 돌아가고는 했다. 그러나 나와 함께 시간을 보내는 동안만큼은 그가 그냥 만족해하는 차원을 넘어서, 소유의 기쁨과 긍지를 숨김없이 나한테 표현하고는 했다.

  어쩌다 내가 자리를 옮기거나 부산하게 돌아다니기라도 하면

---

\* 영국 시인 윌리엄 워즈워스(William Wordsworth, 1770~1850)가 1819년에 발표한 장시 「피터 벨(Peter Bell)」에 나오는 구절이다.
\* 슬럼버랜드(Slumberland)는 침대를 생산하는 영국의 가구업체 이름이다.

그는 알을 품은 암탉이 마당에서 무엇인가 신경에 거슬릴 때 내는 소리와 무척 비슷하게 나지막한 목소리로 투덜거리는 괴이한 소리를 내기도 했지만, 모든 것이 안정되어 조용해지면 믿어지지 않을 정도로 행복해하면서, 몇 발자국만 떨어지더라도 들리지 않을 만큼 조그맣게, 혼자서 (아니면 나에게) 짤막한 사랑의 노래를 다정하게 웅얼거리고는 했다.

그리고 그는 걸핏하면 그의 비밀스러운 둥지로부터 살그머니 빠져나와서는 잠깐 동안 꼼짝도 않고 서 있다가, 다시 안으로 달려 들어가면서 갑자기 황홀경에 빠져 노래를 쏟아내기도 했는데, 그토록 순수한 환희의 소리를 나는 들어본 적이 없었다.

나는 "들새들이 사랑하는" 그런 사람은 아니다. 들판의 새들은 성 프란체스코*나 헨리 데이비드 소로*에게 그랬던 것처럼 나에게로 거리낌 없이 날아오지는 않지만, 그래도 나는 어떤

---

* 성 프란체스코(1181/82~1226)는 이탈리아 아시시 출신의 가톨릭 성인으로, 그의 주변에 모여들어 지저귀는 참새들에게 축복을 내렸다고 한다.
* 헨리 데이비드 소로(Henry David Thoreau, 1817~1862)는 미국의 사상가이자 초월주의(transcendentalism, '초절주의'라고도 함) 시인으로서, 도시 문명을 버리고 같은 초월주의자인 랠프 월도 에머슨(Ralph Waldo Emerson, 1803~1882)이 소유한 월든 호숫가의 땅에 오두막을 짓고 자연 속의 삶을 체험했다. 이 시절의 삶과 사색을 기록한 저서 『월든』이 유명하다.

다른 사람이 나보다 조금이라도 더 대자연과 (적어도 여기에서 집중적으로 살펴본 면에 있어서는) 마음이 통했었는지, 또는 비밀스러운 곳에서 알을 품는 작은 새들의 마음을 가득 채우는 황홀감에 대해서 그토록 은밀한 지식을 나만큼이나마 터득한 바가 있는지 가끔 궁금한 생각이 든다.

나는 또한 그런 새들이 느끼는 행복감이 얼마나 깊은지를 보다 많은 사람들이 알게 된다면, 시골에서 그들의 둥지가 훼손되거나 망가지는 일이 훨씬 줄어들지 않을까 하는 생각도 해본다.

봄과 여름 몇 달 동안에 보다 열심히 둥지의 환상에 빠져드는 그의 모습이 정겨워 보여서 나는 틈이 나기만 하면 참새의 기분을 맞춰주기 시작했다. 전쟁이 마지막 단계로 접어들기는 했어도 나는 아직 계속해서 야간 근무를 나가야 했으므로 낮에는 휴식을 취했다. 하지만 참새를 소홀히 했다는 양심의 가책을 덜기 위해서, 그리고 우리들만의 소중한 시간을 낭비하지 않기 위해서, 나는 그가 알을 품는 환상에 젖어 꿈을 꾸는 동안 이불 속에서 악보를 한 쪽씩 암기해 가면서 그에게 방해가 되지 않으려고 얌전히 지냈다.

집안에서 일을 하느라고 바쁠 때면 나는 내 스웨터 속에다 임시 둥지를 틀라고 그를 부추겼으며, 그는 몇 시간이고 그곳에

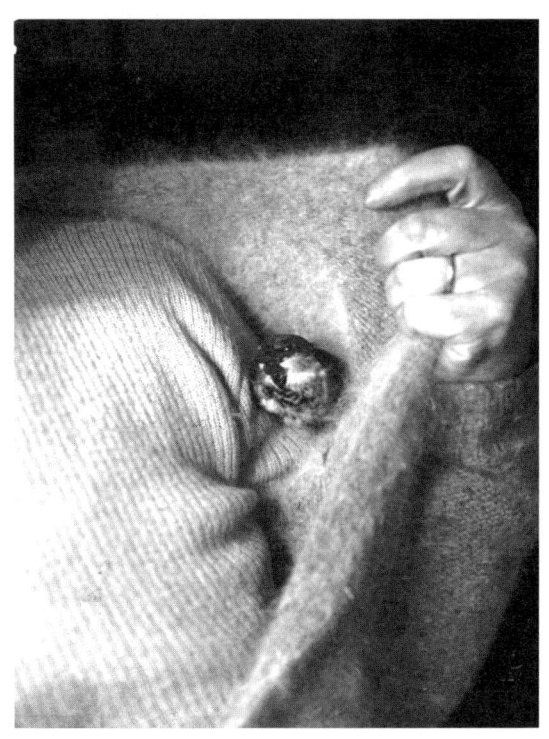

들어앉아서 자신만의 행복한 꿈에 젖어들었고, 혹시 내가 그의 몽상에 훼방이라도 놓으면 날카롭고 새까맣고 작은 부리로 당장 야단을 치고는 했다.

이 비상용 둥지도 그는 신경을 써서 깔끔하게 간수하느라고, 몸을 씻거나 깃털을 가다듬어야 할 필요가 있다고 생각할 때마다, (아무 곳이라도 편리한 장소를 닥치는 대로 사용하기도 했지만) 그의 새장이 눈에 띄면 그곳으로 날아가서 일을 처리한 다음 스웨터로 돌아오고는 했다.

이 무렵에 그의 행동에서 나타난 몇 가지 다른 진기한 변화에 대해서도 기록해두고 싶다. 손님으로 찾아온 야생 조류들로부터 배웠으리라고 추측이 가는데, 그는 유리창에 앉은 파리들을 잡는 기술을 익혔다. 파리에 대해서는 항상 무관심했던 터였고, 그래서 평생 곤충을 먹이로 삼았던 적이 없었으므로, 그에게는 이것이 획기적인 사건이었다. 그는 대단히 훌륭한 솜씨를 발휘해서 용맹하게 파리를 사냥해서는, 굉장히 입맛을 즐기며 먹어 치웠다.

그는 또한 사람이 잡거나 만져주는 손길을 갑자기 싫어하게 되어, 심지어는 내 손에 올라앉기도 거부했으며, 이제부터는 그가 나에게로 오는 경우엔 그의 자유의사에 따라서만 그렇게 하도록 해야 한다는 점을 상당히 분명하게 밝혔다. 그를 집어

들거나 내 손가락을 그에게 내미는 대신에 나는 새로운 접근 방법을 익혀야 했으니, 그에게 내 팔, 그것도 꼭 오른쪽 팔을 내밀어야 하고, 그러면 그가 최대한으로 품위를 지키면서 팔뚝으로 뛰어 올라앉았다. 그는 병을 앓고 난 후까지 단 한 번도 그의 소신을 굽히지 않았고, 이것을 하늘이 무너져도 꼭 지켜야 하는 무슨 예절처럼 끝까지 고집했다.

마음에 드는 손님이 찾아오면 그는 응접실에서 공연했던 묘기들을 아직도 가끔 보여주기는 했지만, 그것도 시간과 공연 방법을 스스로 선택한 경우에 한해서뿐이었으며, 혹시 다시 한 번 해보라고 청하기라도 했다가는 나를 무섭게 쪼아대며 가차 없이 벌을 주었다.

그가 보여준 갖가지 반응은 사실상 그가 자랄 만큼 다 자랐다는 증거였다. 그는 어른이 되었고, 아주 가끔 어린애 짓을 할 때만 제외하면 그는 자기가 주인이며 나는 자기가 시키는 대로만 처신해야 한다는 점을 확실히 해두려고 했다. 무엇보다도 조심해야 할 점이라면, 나는 가구를 옮겨놓으면 안 되고 낯익은 물건들은 늘 있던 제자리에 그대로 둬야만 했다.

그는 주변에서 변화가 일어나면 마음이 상했으며, 그가 머무는 창문 밖에서 자라던 나무 한 그루를 정원사가 베어버렸을 때는 발광을 하다시피 했다! 물론 그것은 그를 흠모하는 여성들이 찾아와서 애타게 먼발치에서 쳐다보는 관람석 노릇을 했으므로 그에게는 퍽 중요한 나무였으니, 대부분의 남자들이 그렇듯이, 비록 아가씨의 사랑을 거부하기는 하더라도 그는 여자들로부터 선망의 눈길을 받는 것만큼은 여전히 좋아했다.

없어진 나무에 대해서 그가 체념을 했거나, 그보다는 아마도 그냥 잊어버렸을 때까지는 며칠이나 걸렸다.

그는 또한 내가 새 옷을 걸치고 나타나거나, 심지어는 낯선 모자나 새 장갑을 마련할 때마다 강력하게 반발하여 시끄럽게 항의했다. 언젠가는 붕대를 감은 손가락으로 내가 삼씨를 주었더니 그는 재빨리 도망쳐 날아가 버리고는 아예 나를 모르는 체했다.

그런가 하면, 내가 새장을 청소할 때마다 그렇지 않아도 못마땅해 하던 그는 마침내 참을성을 잃고 말았다. 그는 커튼이나 방석 속에 몸을 숨기고는 차마 입에 담지 못할 욕설을 퍼붓다가, 일이 얼마나 진행되었는지를 확인하느라고 가끔 살그머니 머리를 내밀고 살펴보았으며, 청소가 끝난 다음 새장으로 돌아갔을 때 횃대와 밥그릇과 목욕통이 그가 집을 나설 때와 한 치도 틀림없이 똑같은 자리에 그대로 놓여 있지 않으면 그는 아예 안으로 들어가기를 거부했다.

내가 짐작하기로는 이러한 까다로움은 둥지를 짓는 본능에서

기인한 듯싶다. 새들은 둥지로 돌아가는 길을 정확하게 찾으려면 관찰력이 아주 뛰어나야 하고, 그래야 나뭇가지가 부러졌거나, 돌멩이 하나의 위치가 달라졌거나, 잔가지가 휘어지기만 하더라도 알아채어 적의 출몰 가능성에 대비할 수 있다. 나는 그의 행동을 설명할 다른 이유를 알아내지 못했고, 그러니까 아마도 이것이 맞는 설명이리라고 생각한다.

사람들은 가끔 나에게 왜 암컷 카나리아를 한 마리 구해서 신붓감으로 그에게 짝지어주지 않았느냐고 묻는다. 내가 그렇게 하지 않았던 이유는 세 가지다.

첫째는 둥지와 새끼들이 내 침대에 함께 몰려 진을 치면 나는 상당히 오랜 기간을 잠자리에서 꼼짝도 못하게 되리라는 빤한 이유 때문이었다.

둘째로, 작은 아기 새들로 집안이 가득 차게 되면 나는 도대체 어쩌라는 말인가? 그의 아이들을 팔아버린다는 생각은 하기도 싫었고, 바깥에 풀어준다면 그들의 생명이 지극히 위태로울 일이 뻔했다.

셋째, 혹시 그가 결혼에 동의하더라도, 머지않아 언젠가는 극심한 질투로 인해 아내를 죽여버릴지도 모른다는 강한 두려움이 나를 사로잡았다.

그래서 나는 끝내 살림을 차려주는 실험을 감행하지 않았다.

사람들은 고양이에게 잡혀 먹힐 뻔했던 새끼 참새를 나에게 세 차례나 가져왔었고, 나는 그들이 죽거나 날려 보내도 좋을 만큼 몸이 회복될 때까지 돌봐주고는 했는데, 그럴 때마다 그는 못마땅해서 나하고 침입자들에게 마구 심술을 부렸다. 내가 그들을 다른 방에 격리시키고 돌봐주었더라면 나의 참새가 훨씬 마음이 편했으리라는 것은 의심할 나위도 없는 일이었지만, 다친 아기 새들에게 살려는 의지를 심어주는 역할을 나의 참새가 해냈으니 그렇게 할 수도 없는 처지였다.

굶주린 아기 새를 편안하게 내 손바닥에 앉혀놓고, 우리 집 참새가 새장의 살 사이로 모이를 받아먹는 모습을 보여주기만 하면, 다친 새도 용기를 내어 그를 흉내 내기 시작했다. 그러면 곧 그들은 겁도 없이 같은 숟가락에서 함께 물을 마시고는 했는데, 그런 경우에는 내가 잘 지켜보지 않았다가는 비위를 상한 참새가 부리로 무자비하게 쪼아대기가 십상이었고, 그래서 나는 그들끼리만 남겨두는 모험을 절대로 하지 않았다.

갈 곳이 없는 이 꼬마들은 저마다 개성이 달랐다. 첫 번째 새는 어찌나 나를 흠모했던지, 바깥세상으로 날아가도록 그를 설득하느라고 굉장히 애를 먹었다. 그는 끈질기게 자꾸만 나를 찾아서 돌아왔고, 결국은 이웃 사람을 시켜서 멀리 날려 보내야만 했다.

심한 상처를 입었던 두 번째 새는 가련하게도 작은 상자에서 필사적으로 내 손바닥까지 겨우 기어 올라와서는 곧 숨을 거두었지만, 세 번째는 나를 전혀 필요로 하지 않았다. 그에게는 클래런스가 영웅이요 우상이어서 그는 새장 앞에 서서 몇 시간씩이나 하염없이 그를 우러러보고는 했다. 클래런스가 지저귀거나, 식사를 하거나, 깃털을 다듬으면 셋째도 그대로 따라 했다.

이렇듯 비굴하게 모방을 하는 꼴을 보고 있으면 웃음이 나기도 했지만, 그럼에도 불구하고 일단 마당으로 데리고 나가서 풀어줬더니 그는 당장 어디론가 날아가서 다시는 얼굴조차 비치지 않았다.

내가 오래전부터 관심을 가져왔던 새들의 독특한 성격은 렌 하워드 여사\*의 흥미진진한 저서 『새들에게도 개성이 있다 *Birds as Individuals*』의 주제였으며, 나는 모든 종(種)에 독창적인 창시자와 개척자, 그리고 그들만의 차원에서 천재성과 아주 흡사한 어떤 뛰어난 능력을 타고난 개체들이 존재한다

---

\* 렌 하워드(Len Howard)는 궨덜렌 하워드(Gwendolen Howard, 1894~1973)의 필명이다. 그녀는 이 책의 저자 클레어 킵스와 마찬가지로 영국의 음악가(비올라 연주자)였으며, 취미 삼아 조류를 연구한 박물학자이기도 했다.

고 믿었다. 폭풍이 몰아칠 때 먹이를 구하기에 좋은 멋진 터를 푸른 고지에서 처음 찾아낸 단 한 마리의 갈매기, 그리고 어쩌면 무리를 이끌고 처음 대양을 횡단했을 특별한 철새도 존재했을지 모른다. 그들의 모든 활동이 전적으로 우발적인 상황에서만 이루어지지는 않았으리라.

피조물 가운데 똑같은 두 개의 생명체는 어디에도 존재하지 않는다는 말은 진부한 상투어가 되었다. 대량생산은 하느님의 창조 방식이 전혀 아니었고, 인간이 대량생산을 나름의 창조 방식으로 삼게 되었을 때, 그것이 현대 문명사회의 발전 과정에서 아무리 불가피하게 여겨졌다 해도 하느님이 제시한 방향이나 본보기로부터 우리들은 너무나 멀리 벗어났고, 그리하여 필연적으로 재앙을 맞게 될 길로 곧장 접어들었다고 나는 믿는다. 지금이라도 늦지 않았으니 우리들은 지나온 길을 되돌아가야 할지도 모른다.

여러 해 전에 나는 카나리아 다섯 쌍에 외톨이 한 마리를 키우던 어느 여자로부터 부탁을 받고 새들을 대신 돌봐준 적이 있는데, 열한 마리 가운데 세 마리가 남달라 보였다. 노란 수컷과 암컷 한 쌍은 어찌나 헌신적으로 서로를 사랑했는지 나는 그들에게 아벨라르와 엘로이즈*라고 이름을 붙여주었는데, 그들은 다른 모든 경쟁자를 마다하고 항상 둘이서만 짝짓기를 했다.

사랑의 행로

그 작은 암컷 카나리아는 언젠가 꼭 한 번 알을 하나 낳았다가 너무나 흥분한 나머지 발톱으로 알을 찔러 깨트리는 사고를 당한 다음, 끝까지 새끼를 얻지 못했다. 암컷은 계속해서 여러 개의 둥지를 짓고는 새끼를 품어준다고 상상하면서 둥지마다 차례로 들어가 앉아서, 가슴의 털이 다 빠질 때까지 포란을 계속했다.

어느 날 묘안이 떠오른 나는 다른 암컷이 둥지에서 품은 알들 가운데 하나를 훔쳐다가 자식이 없는 암컷의 둥지로 옮겨놓고, 커튼 뒤에 숨어서 어떤 일이 벌어지는지 결과를 지켜보았다. 보물을 발견한 암컷은 알에게 말을 걸어보고는 남편에게 자랑을 하며 그것을 보여주었고, 조심스럽게 알 위로 올라가서 발밑을 살펴보려고 (새들이 늘 그러듯이) 깃털 속치마를 치켜들고는, 마침내 자리를 잡고 앉아 떨리는 날개로 알을 덮어주었다.

열흘 후에 나는 새끼가 껍질을 깨고 나오도록 양부모가 도와

---

\* 피에르 아벨라르(Pierre Abélard, 1079~1142)는 프랑스의 철학자이며 신학자로서, 그의 학생이었던 엘로이즈(Héloïse d'Argenteuil, 1101경~1164)와의 비밀 결혼이 탄로가 나자 거세를 당하고 성직자가 되었으며, 엘로이즈 역시 수녀원에 들어갔다. 두 사람의 비극적인 사랑은 여러 문학 작품의 소재가 되었다.

주는 모습을 지켜보았고, 새끼는 무럭무럭 잘 자랐다. 새들을 모두 돌려주고 난 다음에, 열한 마리 가운데 혼자 짝이 없는 외톨이였던 (작심하고 독신생활을 고집하는 작고 초록빛인) 암컷이 나를 너무나 그리워한다면서 주인이 다시 데리고 왔다.

이 귀여운 암컷은 재주가 각별했으며, 클래런스의 별명인 '보이(Boy)'를 상당히 똑똑하게 발음할 줄 알아서 앵무새처럼 끊임없이 그 말을 반복하여 지저귐마다 끝에 붙이고는 했는데, 그래서 역시 개척자와 비슷한 존재였다고 하겠다. 초록 암컷은 나에게 즐거움을 주는 말동무였지만, 그 한 가지 재주 이외에는 이 얇은 책의 주인공보다 훨씬 덜 탐탁한 대상이었다.

밤이면 초록 암컷은 내 베갯잇의 한쪽 귀퉁이 속으로 기어 들어가서 잠을 잤으며, 그곳을 둥지로 여겼기 때문에 함부로 접근하려는 자를 누구든 막으려고 했지만, 도대체 청소라고는 생각조차 하지 않아서 나는 그쪽 끝에다 세탁이 가능한 헝겊을 덧대어야 했다. 초록 암컷은 내 참새가 태어나기 전에 죽었기 때문에, 둘이서는 전혀 만날 기회가 없었다.

내 참새가 걸어온 마음의 행로라는 주제에 관해서는 더 이상 할 얘기가 없다. 번식기를 제외하면 그는 금욕을 하던 청년기보다도 나에 대한 애정 표현을 훨씬 더 절제했다. 때로는 불가피한 사정 때문에 나는 나만큼이나 어린 새들을 사랑하는 착한 이웃에게 그를 며칠 동안 맡기고는 했는데, 내가 돌아오더라도 참새는 나를 반기는 태도가 전보다 덜 요란했다. 예전과는 달리 이제 그는 시위를 떠난 화살처럼 나에게로 당장 날아오지를 않았고, 내가 집을 비우는 기간이 한 주일을 넘기면 그는 갈피를 잡기가 힘들어 혼란스럽다는 듯, 한참 동안 가만히 서서 물끄러미 쳐다보다가 나중에야 겨우 아는 체를 했다.

그러나 하루만 지나고 나면 그는, 다시는 그렇게 사라지지 않겠다는 다짐이라도 나에게서 받아내려는 듯, 이 방에서 저 방으로 나를 졸졸 따라다니면서 관계를 복원하려고 노력했다.

이성적인 추리를 수행하는 그의 기능이 자신과 나의 관계를 제대로 명확하게 파악하지 못해서였는지 몰라도, 내 생각에는 약간 혼란스러운 그의 의식 속에서 내가 이중적인 성격으로 부각되었던 모양이었다. 정원에서 살아가던 그의 친구들로 말하자면, 분명히 그는 그들에게 매혹되었으며 아마도 그들이 보여주는 관심에 대하여 흐뭇한 마음이었겠지만, 그들이 제대로 분수를 지키지 않으면 그는 그들의 눈길도 달가워하지 않았다. 그들이 창밖에서 날개를 파닥이며 오르내리는 동안, 사랑이 태어나기에 앞서서 찾아오는 그 미묘한 초조함을 그가 조금이라도 경험했는지 여부는 확실히 모르겠지만, 그는 그런 감정 따위는 곧 잊어버리고 말았다.

여기에서도 역시 유전과 환경이라는 막강한 두 가지 영향력이 그의 성격과 개성을 형성하는 과정에서 큰 몫을 했다. 하지만 비록 간발의 차이기는 했어도, 싸움은 환경의 승리로 끝났다.

부산하게 하루를 보내고 나면 그는 여전히 나에게로 날아와서는 옆에 가까이 자리를 잡고 앉아서, 작은 새의 눈이 어떻게 그토록 풍부한 감정을 표현할까 싶을 정도로 간절하게 나를 올려다보았는데, 마치 이런 말을 하는 듯싶었다.

"내가 필요로 하는 사람은 오직 당신뿐이랍니다. 누가 뭐라고 해도 아들에게 가장 좋은 친구는 어머니니까요."

제5장

# 시련을 이겨내며

    나하고 평생을 보낸 참새의 삶에서는, 그가 여섯 살을 넘기고 나서부터 열두 살에 심한 병을 앓고는 부분적으로 회복되던 무렵까지의 기간에는 기록으로 남길 만큼 흥미 있는 사건이 별로 없었는데, 이 대목에서는 그의 발병과 회복에 관한 얘기를 주로 하겠다.

    그의 성격다운 성격은 사춘기를 보낸 이후에 뒤늦게 형성되었다고 해야 맞겠는데, 그의 삶이 비교적 순탄했던 터라 습성과 행동은 별다른 굴곡을 보이지 않고 그대로 유지되었다. 번식기는 물론 제외해야 되겠지만 그는 썩 재미있는 동반자라고 하기는 어려워졌고, 그가 관심을 보인 대상도 이제는 나 하나뿐은 아니었다.

    활력과 생기로 흘러넘치던 봄철의 절정기에도, 나에게 접근하는 그의 태도를 보면 전보다 훨씬 열광적이기는 하면서도 또한 보다 은밀하고 조심스러웠다. 어쩌다가 발작적으로 반응할 때를 제외한다면 피아노는 더 이상 그에게 감흥을 주지 않았고, 이른 아침에 우리들이 함께 하던 작은 음악회도 중단되었으며, 그래서인지 그의 노래 실력도 떨어졌다.

전쟁이 끝나기 전에 우리는 몇 차례 더 이사를 했고, 나와 함께 자동차나 기차로 이동하는 동안 그는 목적지에 도착할 때까지 조용히 그네에 앉아 잠만 잤다. 같이 여행을 하기에는 더할 나위 없이 편한 동행자였다.

1943년 말이 가까워질 무렵에 나는 계모를 돌봐주기 위해 런던을 떠나 유명한 바닷가 휴양지로 거처를 옮기지 않으면 안 되었다. 나는 사정이 허락하는 한 그곳에서도 대피반장 근무를 계속했지만, 런던에서보다는 훨씬 덜 부담스럽고 별로 긴장을 하지 않아도 되었으며, 우리들은 쏟아지는 폭탄이나 로켓탄에 대한 공포로부터 어느 정도 해방되었다.

일부러 부탁을 하더라도 내 참새가 호락호락 말을 들어주지는 않았겠지만, 어쨌든 전업 연예인으로서 그가 벌였던 활약은 이곳에서는 더 이상 필요가 없어졌는데도 그는 내가 관련된 여러 초소에서 곧 유명한 존재로 널리 알려졌고, 그 고장에 본부를 둔 자연과학협회 소속의 임원 몇 명은 대단한 관심을 보이며 참새를 방문해서 그가 벌이는 갖가지 묘기를 구경하고 광시곡을 들어보고는 놀라움을 금치 못했다.

　이들 협회의 저명인사들 가운데 한 사람으로부터 나는 개똥지빠귀들에 관한 얘기를 처음 들었다. 이 새들은 한 번 짝을 지으면 평생 부부로 살며, 그들을 영원히 갈라놓는 것은 오직 죽음뿐이라고 그는 나에게 알려주었다. 사랑의 계절이 끝나면 그들은 헤어져서 머나먼 나라로 날아가 버린다. 그러고는 이듬해 봄 4월 중순쯤 다시 돌아와서, 그들이 처음 애정의 언약을 맺었던 바로 그 신성한 장소에 그들만의 은밀한 보금자리를 차리고는 꺼질 줄 모르는 상호간의 충실한 사랑을 이어간다.

　둥지에는 수컷이 먼저 돌아와 사랑하는 여인과의 재회를 위한 준비를 하느라고 7일 동안 사랑의 노래를 연습한다. ("부활의 날"이라고 노인이 의미심장하게 설명을 붙인) 8일째 되는 날 동틀 녘에 그의 짝이 나타나면 그는, 인류의 어머니 하와의 황금빛 머릿결 위로 처음 햇빛이 비춘 이후 인간들과 새들이 불러온 노래를 그녀에게 불러준다.

　이 새들의 사랑 이야기보다 더 오묘한 낭만을 역사나 문학 작품이 과연 우리에게 전해줄 수가 있으려나?

　진정으로 위대한 모든 남자들과 마찬가지로 나의 참새는 어떤 모임에서도 느긋하게 처신했으며, 그가 태어난 고향 런던의 용감한 시민들과 자리를 같이했을 때도 그랬듯이 이곳의 명망 높은 남녀들로 구성된 작은 협회에서도 어느덧 똑같은 명성을 누렸다. 그래서 사회적으로 그가 신분이 상승되었다고 할 수도 있었겠지만, 모든 크고 작은 도시와 시골 마을에서 사람들이 "왕들과 거닐면서도 서민의 감각을 잃지 않"는\* 현실에 견주어 볼 때, 그런 명예는 얼마나 덧없는 것이었던가.

그곳에서 벌어지던 폭격은, 비록 심하기는 했지만 대부분의 경우 치고 빠지는 식이어서, 전혀 예기치 못한 순간에 갑자기 이루어지고는 했다. 어느 화창한 여름 날 오후에, 새와 함께 초대를 받은 다과회에 참석했다가 한가한 마음으로 걸어서 귀가하던 나를 저공으로 비행하던 적기가 발견하고는, 구름 속에서 느닷없이 날아 내려와 기총소사를 퍼부었다.

도대체 무슨 일이 벌어졌는지 정신을 차릴 겨를조차 없는 속에서 누군가 "엎드려요! 엎드려!"라고 소리쳤다. 재빨리 몸을 피하면서도 나는 새장을 뒤쪽에 있는 벽에 기대어 땅바닥에 놓

---

\* 영국 작가 러디어드 키플링(Rudyard Kipling, 1865~1936)의 유명한 시 「만일에(If—)」의 한 구절이다. 영국인이 자신들의 전통적인 미덕으로 꼽던 극기와 절제, 불굴의 정신 따위를 주제로 한 이 고무적인 시는 아직도 널리 애송된다. 이 문장 역시 전쟁 중에 모든 계층의 영국인이 하나로 단결되었다는 점을 강조한다.

고는 그 위로 몸을 웅크려 감싸 안았는데, 눈 깜짝할 사이에 위험은 사라지고 비행기들도 자취를 감추었다.

참새는 여느 때나 마찬가지로 침착성을 잃지 않았으며, 우리들은 안전하게 집으로 돌아갔다. 이것이 마지막으로 우리들이 함께 겪은 모험이었으니, 그로부터 얼마 후에 노르망디 상륙작전이 이루어지고, 라인 강의 철교를 연합군이 접수했으며, 역사적인 항복들과 베를린의 함락과 히틀러의 죽음이 뒤따랐다.

그리하여 마침내 평화가 찾아왔다. 그러는 사이에 계모는 세상을 떠났고, 나는 고향이 그리워지기 시작했다. 집으로 돌아가는 피난민들은 노도(怒濤)와 같이 런던으로 몰려들었으며, 내 임무를 대신 맡아줄 후임자를 찾아내는 데 시간이 좀 걸리기는 했지만 그래도 결국 우리는 런던에 도착했고, 단층집도 수리를 마쳤기 때문에 그곳으로 돌아가서 안정을 되찾았다.

내가 기대했던 바와는 달리, 나의 동지요 작은 친구였던 참새는 피난살이에서 이렇게 돌아왔어도 별로 행복해하거나 감동하지를 않는 눈치였다. 혹시 그가 어린 시절에 살았던 곳의 모습을 기억하고 제대로 알아봤는지 어떤지는 모르겠으나, 겉으로는 아무런 내색도 하지 않았다. 새로운 환경을 접하면 늘 그러듯이 그는 가구들이 옛날부터 알았던 물건들이 맞는지 확인하느라고 일일이 점검했지만, 그 점에 대해서 일단 완전히 만족한 다음에는 더 이상 잔소리가 없었다.

열두 살로 접어들 때까지 그는, 하루는커녕 한 순간도 병이라고는 전혀 알지도 못하며 살았다. 그는 작기는 해도 강인한 친구여서 날마다 찬물로 목욕을 했고, 1947년의 혹독한 겨울에도 한바탕 철버덕거리다가 뛰쳐나와서는 내 목을 타고 내려가 옷 속에서 몸을 덥히고는 했다. 그의 건강은 눈부실 지경이었고, 그의 기개는 충천했으며, 힘은 또 얼마나 장사였는지 야생에서 살아가는 그의 친척들 가운데 어느 두 마리라도 혼자 상대해서 싸워 꼼짝도 못하게 만들 정도라고 나는 믿었다.

하지만 열한 번째 생일을 지내고 얼마 후에 그는 발에 문제가 생겨 밤중에 잠을 자다가 횃대에서 떨어지고는, 가끔 심하게 신경질을 부려 나를 놀라게 했다. 그러던 어느 날 아침에 그는 목욕통에서 비틀거리며 나오더니 새장 바닥에 모로 쓰러졌다. 나는 달려가서 그를 집어 들고는 그가 의식을 잃고 부리를 벌린 채로 다물지도 못하는 모습을 보고 정신이 나갈 정도로 가슴이 철렁했지만, 그래도 그는 아직 숨을 쉬고 있었다.

어서 몸을 녹이라고 참새가 내 목을 타고 아래쪽 옷 속으로 내려가게 도와준 다음 나는 그를 앞뒤로 살랑살랑 흔들어주었고, 그러면서 그에게 용기를 북돋아주려고 계속 말을 걸었는데, 반시간 가량 지나고 나니까 그는 겨우 몸을 꼼지락거렸고, 따끈한 우유를 조금 마시더니 나중에는 새장으로 돌아갔다.

이 뇌졸중으로 인해서 그는 몸의 일부가 마비되었고, 여전히 강종거리고 돌아다니며 혼자서 모이를 먹기는 했어도 제대로 균형을 잡지 못하여 몸이 자꾸 한쪽으로 기울었으며, 날개의 사용법도 잊어버린 듯싶었다. 열 살이 되었을 때 비슷한 발작을 일으켰다가 얼마 못 가서 죽었다는 어느 조류 사육장의 집참새 얘기를 얼마 전에 들었던 나는 마음이 극도로 불안해졌다.

이 무렵에 그는 높이가 거의 1미터나 되는 멋진 새장에서 살았는데, 가련해 보이기는 했지만 그래도 대단한 용기를 과시하면서 둥근 지붕에 매달린 그네까지 기어 올라가려고 (몇 번씩이나 굴러 떨어지면서도) 끈질기게 노력했다. 항상 그랬듯이 그네가 그에게는 가장 안전한 장소였으며, 내 가슴속을 제외하고는 몸을 숨기기에 가장 좋은 은신처였다.

어쩌면 그 이유는 야생 조류들이 위험에 처하면 나뭇가지나 지붕 꼭대기처럼 높은 곳으로 날아 올라간다는 사실에 입각하여 설명이 가능할지도 모르겠다. 그런 곳은 훨씬 더 확실하게 안전을 보장할 뿐더러 관측소 노릇도 해서, 그들은 경계를 해야 할 원인을 제공한 대상이 무엇인지를 눈으로 확인하여 알아낼 수가 있으며, 만일 이렇게 높은 피난처로 올라갈 힘이 더 이상 없어지면 그들은 종말이 가까웠음을 스스로 알게 된다.

나는 낮이면 그를 마음 놓고 쉬기 좋은 스웨터 속에 최대한으로 오랫동안 넣어서 돌봐주었지만, 밤에는 혹시 나한테 깔려 죽지나 않을까 걱정이 되어서 감히 침대에서 재우지 못했으며, 그 또한 자신이 좋아하는 그네가 아니면 어떤 쉼터도 단호하게 거절했다. 내가 아래쪽 횃대에 올려놓아주면 그는 몇 시간에 걸쳐서 힘겨운 기어오르기를 계속하느라고 숨을 헐떡이며 기를 썼지만, 겨우 그네까지 올라가더라도 금방 다시 떨어졌고, 밤마다 그가 겪어야 했던 이런 고생은 심장에도 영향을 주기 시작했다.

신속하게 무슨 수를 써야만 했으며, 그래서 나는 작고 나지막하며 기다란 새장을 새로 마련해 횃대를 아래쪽 두 개만 남겨두고 모두 제거한 다음, 그를 '황혼의 안식처'*에 입주시켰다. 그는 안도의 한숨이라도 쉬는 듯한 태도를 보이며 새장에 들어가서는 아래층 1인용 거주 시설에 재빨리 적응했다. 참새도 곧 깨닫게 되었듯이, 누가 뭐라고 해도 식량 창고의 문이 가까운 곳에서 잠을 자면 몇 가지 이로운 점이 있었으니, 그로부터 적어도 한 주일 동안은, 아무도 보지 못하는 어둠 속에서 한밤중

---

\* '황혼의 안식처(Eventide Home)'란 양로원을 뜻하는 고상한 표현이다. 'eventide'는 '저녁때, 밤'을 이르는 예스럽고 시적인 단어다.

에 무엇인가를 참새가 먹어치우느라고, 수상한 잔치가 벌어지는 듯한 낌새가 분명했다.

그렇지만 집안 환경의 여건이 향상되었음에도 불구하고 그의 건강은 급속도로 나빠졌다. 그는 고통이 심해서 상당히 괴로워 보였고, 그가 변비에 걸렸음을 알게 된 나는 먹이에 올리브유를 조금 섞어 주고는 새를 치료하는 의사를 찾아 나섰다. 마음속으로 나는 그가 곧 죽으리라는 사실을 알았고, 옛날의 수넴 여인*처럼 아이를 구해줄 사람을 찾아내야만 했다.

아무런 소득도 없이 몇 시간이나 헤매던 끝에 나는 켄트 주 베케넘에 거주하는 T. 젱킨슨 리처드슨이라는 수의사가 새들에

---

\* 구약성서 「열왕기」 하권 4장 35절에 엘리사가 죽은 아기를 온몸으로 감싸 안아서 소생시키는 얘기가 나오는데, 36장에서 이 여인을 '수넴 사람(Shunammite)'이라고 호칭한다. 수넴(Shunem 또는 Sunam)은 길보아 산 남쪽의 작은 마을로, 「여호수아」 19장 18절에서도 언급한다. 이 책의 영어 원전에서는 이 단어를 'Shulamite(술람밋)'이라고 했으나 오류인 듯싶어서 번역하면서 내용을 수정했다. '술람밋'은 '술람 사람'이라는 뜻으로, 「아가(雅歌)」 6장 13절에 등장하는 여인을 지칭하며, 아이를 구출하는 일화와는 아무 관련이 없다. 원전에서는 줄리언 헉슬리의 해설에서 "Mrs. Kipps records(킵스 부인이 기록하기를)"를 "Mrs. Kipps' records(킵스 부인의 기록)"라고 한다거나 "Konrad Lorenz"를 "Konsad Lorenz"라고 하는 등 표기 오류들이 가끔 눈에 띄는데, 이 대목도 비슷한 실수라고 여겨진다.

관해서 연구를 특별히 많이 한 사람이라는 소문을 들었다. 나는 그에게 연락을 취했고, 그는 당장 달려왔다. 그는 새의 몸이 아픈 일차적인 이유가 고령 때문이지만 종양도 의심된다는 견해를 피력했다.

가장 먼저 해야 할 일은, 참새가 작은 두 발로 힘을 들여 움켜잡는 대신 그냥 딛고 올라서기만 해도 되도록 횃대들마다 위쪽을 납작하게 깎아서 손가락 모양으로 만드는 것이었다. 그것은 분명히 새의 부담을 덜어주는 방법이어서, 나이가 많은 새를 키우는 사람이라면 누구에게나 꼭 알려주고 싶은 정보다. 그는 문틈으로 새어 들어오는 바람으로부터 새를 철저히 보호하고 훨씬 더 따뜻하게 해주도록 새장을 창문에서 멀리 떼어놓으라는 충고도 했다.

심장 약에 대한 반응은 즉각적이었지만 하제(下劑)는 효과가 없어서, 꼬마 환자는 상태가 급속히 악화되었다. 그는 이제 시력까지 잃어갔고, 눈동자가 탁해지면서 생기가 사라지다시피 했으며, 독성이 체내로 흡수되는 바람에 깃털이 빠지기 시작했는데, 하나씩이 아니라 저고리를 벗듯이 뭉텅이로 빠져 곧 벌거숭이라도 될 기세였다.

그가 보여준 실력에 대해서는 내가 아무리 감사를 드려도 모자랄 지경인 리처드슨 선생은 그러자 참새에게 (일반적으로 M.

& B.라고 알려진 장염 치료제인) 프탈리풀파티아졸을 투약했는데, 이 약의 치료 효과는 그야말로 기적이라고 말해야 옳겠다. 한 주일도 안 되어서 커다란 섬유질 덩어리가 몸에서 배출되었고, 시력이 되돌아오기 시작했으며, 깃털이 벗겨지는 증상도 멈추었다.

이제는 우리 마음속에 그를 살려내게 될지도 모른다는 희미한 희망이 생겨났지만, 독성의 원인을 제거하고 났음에도 불구하고 그에게는 혼자 힘으로 건강을 회복해야 하는 길고도 험난한 길을 계속해서 가기 위한 여력이 남아 있지 않았다. 기력이 거의 쇠진한 상태로 아주 불쌍한 모습을 보이며 (너덜너덜한 깃털과 뼈만 남은 자그마한 덩어리처럼) 내 손바닥에 누운 그는 아직도 용기를 잃지 않았고 내 목소리를 들으면 여전히 연약한 고개를 돌리기는 했어도, 우리들의 패배가 이제는 분명해 보였다.

리처드슨 선생이 제안했다. "마지막 남은 희망입니다만, 샴페인을 좀 먹여보시죠."

그래서 가장 가까운 가게로 찾아간 나는 (굉장히 재미있어하는 술집 주인에게서) 샴페인을 반 병 사가지고 집으로 돌아와, 물에 타지 않고 찻숟가락으로 절반을 따라서 그냥 참새에게 주었다. 내가 '주었다'는 말로 표현하기는 했지만, 작은 참새는 쓰디쓴 약을 아무런 저항도 없이 마치 빼앗아가듯이 숟가락에서 냉큼 받아먹었다. 그는 분명히 살고자 하는 의지가 강했고, 우리들이 그를 도우려고 애를 쓴다는 사실을 알아챌 만큼 똑똑했다.

디오니소스\*를 예찬하는 온 세상 사람들이 잘 알아둬야 할 사항이지만, 이튿날 아침에 보니 그의 건강 상태가 뚜렷하게 좋아졌다. 한 고비를 넘긴 모양이었다. 그는 기운도 차렸고, 그 기세를 몰아 계속해서 호전되었으며, 다시는 후퇴할 줄을 몰랐다.

샴페인 처방은 하루에 두 차례씩 두 주일 동안 지속되어, 시력은 완전히 회복되었고, 헐벗었던 부분에서는 깃털이 다시 자라났으며, 그는 명문 고등학교의 넥타이와 바지도 되찾았다. 성탄절이 되자 그는 내 팔뚝에 올라앉아서 거룩한 칠면조 고기도 나와 나눠 먹었으며, 마지막 남은 샴페인으로 보다 행복한 한 해가 오기를 기원하는 축배도 들었다.

기적이 이루어지기는 했어도 가야 할 길은 아직 멀었으니, 병이 낫기는 했어도 그는 젊음까지 되찾지는 못했다. 그의 두

---

\* 디오니소스(Dionysos 또는 Dionysus)는 그리스 신화에 나오는 술의 신으로, 로마 신화에서는 '바쿠스(Bacchus)'라고 한다.

날개는 심각할 만큼 서로 협조가 이루어지지를 않아서, 그에게 도움이 될 만한 날개의 쓸모라고는 다리의 보조 역할이나, 추락할 때 보다 가볍게 착지를 하도록 지원한다거나, 모이를 달라고 재촉하면서 팔딱이는 정도가 고작이었다. 그는 몸의 균형이 여전히 불안정하여 걸핏하면 발랑 자빠져서는 나더러 어서 달려와 다시 일으켜 세워달라며 상당히 즐겁게 지저귀고는 했다.

의사의 말마따나 그에게는 전문적인 재활 치료가 필요했다. 그런 치료 계획을 세우기는 그리 쉬운 일이 아니었지만, 그는 스스로 문제를 해결할 방법을 찾아내서 개구리처럼 폴짝거리며 뛰는 기술을 몸에 익혔는데, 얼마 후에는 뒤로 자빠지기만 하면 당장 공중으로 뛰어올라 똑바로 착지하도록 완전히 공중제비를 넘을 정도로 숙달되었다. 이것은 혈기가 왕성한 청년기에라도 작은 새에게는 분명히 대단한 곡예였다.

나는 그의 새장 2층에 횃대를 하나 가로질러 설치해주었고, 그는 집을 체육관처럼 활용하여 2층 횃대를 뛰어넘는 운동을 계속해서 두 날개와 허리의 근육을 더욱 강화했다. 똑똑하기가 이를 데 없었던 작은 참새는 절망이나 우울증 따위에는 절대로 굴복할 줄을 몰랐다.

이토록 극적인 회복 과정에서는 약물 못지않게 식이요법도 중요한 공헌을 했다. 지나치게 되거나 질겨서 금하기로 한 달걀과 상추 대신에 그에게는 글루코딘을 곁들인 비맥스*와 대구 간유를 날마다 (두 방울 가량) 조금씩 먹였다. 흥취를 돋워주는 주류(酒類)는 두말할 나위도 없겠고, 비타민 식품과 현대 의약품에 대한 나의 믿음은 그토록 자그마한 환자에게서 나타난 신속하고도 고마운 효과로 인해서 더욱 강해졌지만, 나의 참새가 그것들에 대해서 기억하는 사실은 맛이 대단히 고약하다는 못마땅함이 전부였다!

그 속에 무엇을 섞어 넣었는지 걱정이 되어서였겠지만, 그는 여러 주일이 지난 다음에야 겨우 다시 우유에 부리를 대기 시작했다. 그는 찻숟가락만 보면, 통 말을 안 듣는 어린아이처럼, 작은 머리를 떨구고는 눈을 돌려버렸다. 나는 어떤 새에게서도 그토록 표현력이 풍부하고 '거의 인간에 가까운' 반응을 본 적이 없었다.

---

* 글루코딘(Glucodin)은 글루코스 즉 포도당이 주성분인 영양제, 비맥스(Bemax)는 맥아가 주성분인 영양제로, 둘 다 상품명이다.

제6장

# 마지막 나날

나의 참새는 병을 앓고 난 다음에 신체적인 상태와 생리적인 나이가 어린 시절로 돌아갔기 때문에, 지난 몇 년 동안보다는 훨씬 충실한 반려자가 되었다. 그는 전에 알았던 친구들과, 창문으로 몰려들어 퍼덕이던 야생 조류의 날개와, 대자연이라는 위대한 세계에 대한 다리엔*의 조망을 잊어버렸다.

* 다리엔(Darién)은 파나마 동북부와 콜롬비아 서북부 사이에 위치한 카리브 해의 만으로서, 영국의 낭만파 시인 존 키츠(John Keats, 1795~1821)는 극작가이며 번역문학가인 조지 채프먼(George Chapman, 1559~1634)이 번역한 호메로스의 『일리아드』와 『오디세이아』를 읽고 느낀 감흥을 에스파냐의 정복자 에르난 코르테스(Hernán Cortés 또는 Herando Cortez, 1485~1547)가 태평양 연안에 도착하여 처음 바다를 보았을 때의 감동에 비유한 14행시 「채프먼의 호메로스를 처음 탐험하면서(On First Looking into Chapman's Homer)」에서 이 지명을 언급했다.

신비하고 매혹적인 세상을 다시 한 번 둘러보라는 뜻에서 내가 그를 손에 들고 채광창으로 데리고 갔을 때, 그는 전혀 알아보는 내색을 하지 않았고, 한숨을 쉬는 듯한 표정으로 눈을 돌렸다. 정원에서 싸움을 벌이는 참새들을 보고도 그는 더 이상 발광할 지경으로 흥분하는 일이 없었고, 그들의 전열에 끼어들어 목숨을 건 전투에서 혁혁한 공훈을 세워보겠다는 사나이다운 야심도 그의 마음속에서 일어나지 않았다.

이제 다시는 그가 눈부신 깃털을 당당하게 일으켜 세우고는 찬란한 햇살을 받으며 봄의 찬가에 귀를 기울이거나 황홀한 호기심에 빠져들 일이 없을 듯싶어 보였으며, 상사병에 걸린 아가씨들의 정겨운 눈길과 애절한 구애의 노래 앞에서 조금이나마 솔깃한 마음에 눈썹이라도 까딱할 기미조차도 보이지 않았다. 사랑을 심어주려고 오랫동안 고군분투를 벌이며 애를 먹다가 이제는 패배를 인정하게 된 큐피드는, 화가 나서 화살을 거두고 그에게서 떠나간 다음 다시는 돌아오지 않았다.

하지만 그는 이런 일들을 하나도 기억하지 못했고, 현실에 만족하여 아무 불평도 늘어놓지 않았다. 그의 마음속에도 노래가 하나 있기는 했는데, 어쩌다가 내 마음의 정적 속에서 은은히 울려오곤 하는 오묘하고 흐뭇한 사랑스러움의 절제된 반복 악구가 아니라, 언제나 변함없이 그에게 기쁨과 안식을 가져다주는 그런 노래였으리라고 나는 믿고 싶다. 그래서 그는 하루 종일 내 목소리가 들려오지나 않을까 귀를 기울였고, 원했던 소리가 들리기만 하면 그는 두려움을 느끼지 않았다. 자신과 가까운 주변 환경에 대해서는 전혀 의식을 하지 않는 듯싶었고, 가구를 재배치하거나 눈에 익숙지 않은 어떤 물건을 그의 세상에 새로 들여놓더라도 그는 더 이상 욕설을 마구 퍼붓지 않았으며, 지극히 얌전하게나마 불평을 할 줄도 몰랐다.

당당하던 태도는 사라졌고, 까다로운 분위기와 폭군적인 고집도 사라졌으며, 그 대신에 어린애처럼 애원하는 시늉을 하면서 그는 몸을 웅크리고, 작은 두 날개를 반쯤 들어올리고는 어서 자기를 손에 올려놓고 보살펴달라고 한없이 부탁하기만 했다. 오래전 흘러간 시절에 그랬듯이 다시 한 번 그는 열심히 보채는 아기 새가 되어 이 방에서 저 방으로 나를 쫓아다녔다. 다시 한 번 나는 그의 작은 세계에서 모든 것이 되었지만, 그는 그래도 행복했으며, 우리들에게 중요한 사실은 그것이 전부였다.

노화 작용은, 그런 징후가 뚜렷하게 나타날 즈음의 우리 모두에게 필연적으로 닥쳐오는 현상으로서 서서히 갖가지 무력함을 동반했다. 이제 그는 횃대에 올라앉거나 날아다닐 힘이 없어졌고, 청결한 생활을 유지하려고 지극히 모범적인 노력을 기울이며 깃털을 가다듬고는 했지만 별로 큰 성공을 거두지 못해서, 내가 대신 끊임없이 보살피고 돌봐줘야만 했다.

그는 수의사에게 끝없는 놀라움의 대상이었다. 작은 새 한 마리가 나이와 쇠약함에 맞서서 그토록 용감한 투쟁을 벌이는 사례를 한 번도 본 적이 없노라고 의사는 말했다. "카나리아나 사랑앵무라면 오래전에 포기하고 죽었을 거예요."라고 그도 말했지만, 불굴의 투지로 불타는 우리의 꼬마는 절대로 물러서려고 하지를 않았다.

투쟁을 포기하는 대신에 그는, 아마도 어떤 다른 상황도 기억하지 못하기 때문인지는 몰라도 드러내고 불평을 늘어놓지는 않으면서, 점점 늘어나는 자신의 갖가지 한계에 스스로 적응하고는, 그나마 아직도 그에게 용납되는 활동과 즐거움들을 한껏 누렸다. 연륜을 쌓아야만 베풀 능력을 얻게 되는 이해와 조언은 젊은이들에게 제대로 해주지도 못하면서, 젊은이들이 아무 힘도 들이지 않고 쉽게 해내는 익숙하고 일상적인 일들을 옛날과 마찬가지로 그들처럼 해내겠다며 너무나 어리석게도 끝없이 발버둥을 치는 사람들에게, 늙어가는 우리들에게, 그가 얼마나 훌륭한 귀감을 보여주었던가.

나는 작은 참새에게서 여러 가지 교훈을 얻었고, 만일 오래 산다는 은총을 받아 내가 시간적인 여유를 넉넉히 누리게 된다면 그런 가르침들은 나로 하여금 보다 합리적으로, 그리고 남들을 도와가며 만족스럽게 살아가도록 도움을 주리라고 믿는다.

육체가 점점 더 잘 발달하는 사이에 정신력은 점점 더 나빠지던 가엾은 수잔*과는 달리, 내 참새의 정신력은 신체적인 면이 쇠락하는 반면에 점점 더 강화되는 듯했으며, 그는 생애에서 다른 어느 때보다도 늙은 다음에— 적어도 일시적으로나마— 훨씬 이지적이고 적응력이 뛰어난 면모를 보여주었다고 나는 생각한다.

그렇기는 하더라도 그는 나에게 차츰 큰 부담이 되어갔고, 비록 전혀 불평을 하지는 않았어도 그는 내가 너무 먼 곳에 있어서 기분을 달래주거나 따뜻하게 해주지 못할 때면, 모래를 깐 딱딱한 바닥이 차갑고 불편하다는 기분을 분명히 느꼈으리라. 그러나 모든 어려움은 이겨내는 길이 따로 있다고 나는 믿는다.

나는 어느 소년단원이 다른 단원에게 했다는 말이 생각났다. "그 한심한 멍청이는 그것이 불가능한 일이라는 사실을 알지 못했기 때문에 무작정 덤벼들어 결국 해냈지."

---

\* 이 '수잔(Susan)'은 앞에서 언급한 영국 시인 윌리엄 워즈워스가 쓴 463행짜리 서정시 「백치 소년(The Idiot Boy)」에 등장하는 이웃집 여자를 말한다.

'소년단' 이라는 단어가 나에게 영감을 주었다.

더 이상은 필요가 없어진 두 개의 횃대를 그의 새장에서 제거한 다음, 나는 낡은 회색 군용 담요를 새장 바닥과 같은 크기로 여러 조각 잘라내어, 한쪽 끝의 자락을 말아 올려 소년단원들이 사용하는 작은 천막처럼 기어 들어갈 공간이 생기게 만들어서, 하나를 새장에 넣어주었다.

그의 건강을 위해서는 왕모래가 필수적이었으므로 나는 모래를 담은 그릇을 늘 사용하는 다른 모이 그릇들 사이에 놓아주었고, 그래서 한쪽 끝에는 그를 위한 식당이 차려지고 다른 쪽 끝에는 잠을 잘 천막이 마련되었다.

그런 다음에 나는 참새를 다시 집으로 들여보내고는 크나큰 호기심을 느끼며 그의 반응을 지켜보았다. 그는 새로운 상황을 당장 받아들이는 눈치였고, 평생 그렇게 해오기라도 한 것처럼 고운 모래와 왕모래를 그릇에서 집어먹었다.

그를 위해 마련한 작은 천막으로 말하자면, 그는 처음 야영을 나간 소년단원 못지않게 기뻐하며 당당하게 그것을 접수했다. 그는 내부를 들여다보더니 뛸 듯이 기뻐하면서, 뒤쪽에도 출입구가 있는지 확인하려고 서둘러 돌아가서 살펴보았다. (두 번째 접근 통로나 도망칠 구멍을 갖추지 못한 둥지 후보지라면 많은 새들이 탐탁해하지 않는다는 야성의 본능을 상기하기 바

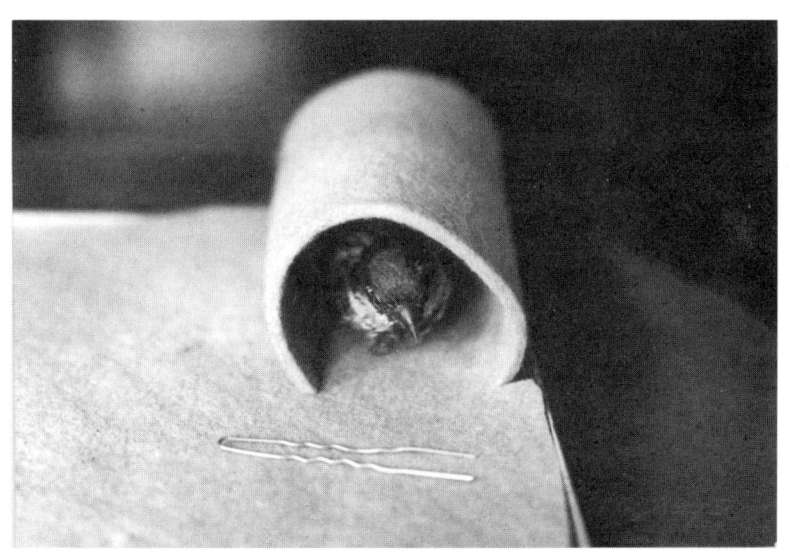

란다.)

집터에 대한 측량이 끝나고 설계에도 만족한 그는 마침내 안으로 들어가서 소유권 등록을 끝냈다. 그가 살아오는 동안 드러냈던 어떤 감정의 표현과도 상당히 다른 즐거운 몇 마디 말을 중얼거리고 나서, 그는 한 시간이 넘도록 푹신한 바닥에서 따뜻하고 아늑한 수면을 취했다.

그로부터 지금까지, 줄곧 살갑게 보살펴주는 내 손길을 여전히 무척 반가워하면서도 그는 담요를 깐 새장 바닥을 그가 원하거나 필요로 하는 모든 것을 갖춘 작은 세계로 받아들였고, 내가 함께 있어주면 더 좋아하기는 했지만 그래도 이제는 그를 여러 시간 동안 안전하고 편안한 상태로 남겨두고 다시 자리를 비우는 일이 가능해졌다.

그는 따뜻한 자리 덕택에 크게 도움을 받았고, 부드러운 바닥이 그에게 자신감을 심어주면서, 식사와 휴식 그리고 운동을 하는 시간을 따로 배정하며 하루의 일과를 비교적 규칙적으로 계획하기 시작했다.

그의 체육 시간은 상당히 놀라웠다. 워낙 보드라운 양탄자를 깔아놓았기 때문에 이제는 떨어지더라도 불구가 된 다리가 고통을 받으리라는 걱정을 더 이상 할 필요가 없어지자 그는 새장의 중앙을 소형 올림픽 경기장으로 바꿔놓고는, 놀라운 정력과 열정을 과시하며, 부리에 사과 한 조각이나 상추 한 닢을 물고는 (오르락내리락, 앞뒤로 오락가락) 공중으로 뛰어오르거나 한쪽 끝에서 다른 쪽 끝으로 넓이뛰기를 벌였다.

그런 다음에 그는 콩알이나 작은 물건을 공중으로 집어던졌다가 공을 물어오는 강아지처럼 그것을 쫓아가서 다시 부리로 잡는 놀이를 창안해내었는데, 나더러 이름을 붙여보라면 '공쫓기'라고나 해야 되겠다.

이토록 힘든 운동을 반시간쯤 하고 나면 그는 보통 식당으로 돌아가서 운동을 끝낸 선수처럼 왕성한 식욕을 보이며 식사를 즐긴 다음, 천막으로 들어가 한 시간 가량 휴식을 취했다. 늘 그러듯이 그는 훌륭한 소년단원답게, 실수를 용납하지 않으려는 철저한 본능에 따라 항상 검열에 대비하여 천막을 청결하게 건사했으며, 밖으로 드나들 기운이 있는 한 안에서 대소변을 보는 일은 절대로 없었다.

달갑지 않은 일이었지만 그는 얼마 안 가서 천막을 친 부분으로부터 시작하여 그의 양탄자를 말아 올리는 방법을 알아냈으며, 그렇게 돌돌 말아놓은 담요 조각을 뛰어넘고는 했지만, 이것만큼은 그리 현명한 짓이 아니어서 지나치게 힘을 쓰는 바람에 그는 심장마비를 일으켰고, 그래서 나는 양탄자를 테이프로 바닥에 고정시켜서 그런 한심한 장난을 못하게 막았다.

그는 이제 한없이 행복해 보였고, 바닥에 깐 담요 조각은 뜯어내어 세탁을 하기도 별로 어렵지가 않았으므로 그의 몸도 상당히 깨끗한 상태를 유지할 수가 있었다.

비록 더 이상 횃대에 올라설 힘이 없어지기는 했지만, 난생 처음으로 그는 불구가 된 발을 식사를 하는 동안 밥그릇을 붙잡는 손처럼 사용하기 시작했다. 박물학자들도 내 견해에 동의할 듯싶은데, 나는 이것이 그토록 늙은 새가 대단한 지능을 지녔으며 놀라운 발전을 이룩했다는 증거라고 생각한다.

참새는 그릇의 언저리를 상당히 단단하게 움켜잡았으며, 힘없는 발을 이런 새로운 방식으로 사용하다 보니까 횃대를 움켜잡지 못하면 그 결과로 발생할지도 모른다고 의사가 우려했던 근육 위축이 억제되었음이 틀림없다. 나중에 그는 왼쪽 발로 딛고 서 있을 때면 오른쪽 발도 똑같은 방법으로 사용하여, 좌우로 번갈아가면서 몸의 균형을 유지하게 되었다.

더욱 희한한 일은, 강종거리며 뛰어다니기가 너무 힘에 부칠 듯싶으면 그는 두 발을 차례로 사용하면서 상당히 확실하게 한 발자국씩 걸음을 옮기거나, 적어도 기우뚱거리는 비척걸음을 선보이기도 했다는 점이다. 혹시 어느 조류학자나 새를 관찰하는 사람이 걸어가는 참새를 한 번이라도 본 적이 있는지 나는 무척 궁금하다.

안타깝게도 나는 이 현상을 보여주는 사진을 한 장도 확보할 수가 없었지만, 저녁식사로 우유에 적신 빵을 먹는 사진을 보면, 내가 받쳐주는 손가락을 오른쪽 발로 잡은 채로 식사를 즐기는 그의 왼쪽 발에서 발톱 하나가 그릇을 움켜잡은 모습이 겨우 보인다. 정말로 그는 두 발을 쓰는 솜씨가 어찌나 뛰어났던지, 만일 균형 감각에 대해서 그가 좀 더 자신감만 보여주었다면 나하고 악수를 하도록 그에게 가르치기도 어렵지 않았으리라고 나는 믿고 싶다.

그가 느닷없이 나를 깜짝 놀라게 만든 일은 그것으로 마지막이 아니었다. 올림픽 경기를 갑자기 중단하고 나서 그는 다람쥐들이 흔히 그러듯이 식량을 쌓아두는 버릇이 생겼다. 그렇다고 해서 먹을거리를 어떤 은밀한 장소에 감추기까지 하지는 않았지만 그는 콩과 버찌 따위의 맛좋은 음식을, 잠자리에서 별로 힘을 들이지 않고 언제라도 가져다 먹기 좋게끔 한쪽 구석으로 끌어다 모아두었다.

혹시 무슨 식량 창고에다 그것들을 저장해두도록 그를 유도해볼 수가 있을지 궁금해진 나는 회색 모전(毛氈) 조각으로 자그마한 헛간을 하나 만들어 새장 안에 넣어 주었지만, 그는 이 건물이 전혀 마음에 들지 않았던 모양이어서, 털을 몇 가닥 뽑아본 다음에는 거들떠보지도 않았고, 결국 나는 그것을 다시

꺼내 치워버려야 했다.

  몇 주일 후에 그는 이 기묘한 행태를 중단하고는, 언제 그런 일이 있었는지조차 까맣게 잊어버린 듯 보였다.

  현명한 판단이기도 했지만, 이 자그마한 사람—그를 단순히 한 마리의 새라고만 생각하기가 나로서는 점점 더 어렵게 느껴져서 하는 말인데—이 자그마한 사람은 그의 사치스러운 식단에서 적절하지 못하거나 소화를 시키기가 어려운 모든 먹을거리를 탈락시켰다. 그는 물을 덜 마셨고, 우유에 적신 빵과 비맥스를 제외하고는 말랑말랑한 과일과 야채즙에만 거의 전적으로 의존했다.

  이런 식으로 식욕을 억제한 결과로, 죽을 때까지 그가 날마다 복용해야만 할지도 모른다고 걱정했던 약을 나는 곧 중단시킬 수 있었다. 정말로 대자연이 "비이성적인" 피조물들에게 부여해준 지혜는 믿어지지가 않을 정도로 대단하다! 혹시 자연이 겨울의 혹독함을 좀 완화하고 강한 자가 약한 자를 잡아먹지 못하도록 금지하기만 한다면, 새들은 적이 없는 세상에서 성숙한 노년에 이르고, 그들에게 닥치는 어려움들을 해결할 방법을 스스로 찾아내어 그들끼리만의 아담한 양로원에서 편히 지내다가 평화롭게 마지막 잠이 들게 될지도 모른다. 이것은 물론 단순한 몽상에 지나지 않지만, 흥미 있는 생각이기도 하다.

그는 이제 새처럼 머리를 날개 속으로 처박고 얕은 잠을 자는 대신에, 틀림없이 꿈이라고는 꾸지도 않을 만큼 깊은 잠이 든 아이처럼, 실컷 휴식을 취하고 온 몸이 상쾌해질 정도로 야간에 수면을 취했다. 나는 며칠 밤 동안 곁에 앉아서 그를 지켜보았기 때문에 이 사실을 잘 안다.

유모의 품에 안겼거나 마룻바닥에 눕혀놓은 아이가 그러듯이, 그는 어느 순간에나 그리고 어떤 자세를 취했거나 간에 내 손바닥에서 그냥 곯아떨어지고는 했다. 아주 늙었거나 아주 어린 사람을 상냥하고 친절하게 도와주는 잠은 그렇게 밤마다 참새에게로 찾아왔다. 그러면 나는 그를 작은 침대로 살그머니 집어넣었고, 이튿날 아침 일곱 시까지 회색 천막에서는 아무 소리도 나지 않았으며 그가 몸을 뒤척이는 움직임도 없었다.

내가 가장 아쉬워했던 것은 그의 노래였는데, 그것은 정말로 얼마나 그리운 노래였던가! 아주 여러 해 동안 그것은 나의 자랑거리요 기쁨이었지만, 그는 뇌졸중을 겪은 다음 다시는 노래를 부르지 않았다. 나는 그의 기억에서 어린 시절부터 뇌졸중이라는 재앙이 찾아왔을 때까지의 모든 경험이 말끔히 지워졌다고 정말로 믿었지만, 이 장(章)의 끝부분에서 아주 흥미로운 그 문제에 대하여 좀 더 언급하겠다.

그는 아직도 말이 굉장히 많았고, 잠자리에 누운 채로 걸핏하면 상당히 장황하게 수다를 떨고는 했다. 그가 하려던 얘기의 요점이 무엇인지를 나는 알 길이 없지만, 비록 철학자는 아니었더라도 그는 분명히 그 자그마한 머릿속에 오랜 세월 동안 축적해놓은 지혜가 가득한 듯싶은 행동을 보여주었다.

경험과 업적이 풍부했던 그의 삶이 이제는 마지막 기간에 이르렀으며, 그가 보낸 한평생을 돌이켜 보면 흥미진진한 승리의 순간들도 정말로 적지 않았다. 그리하여 그는 인생의 투쟁들을 끝내고, 고민들을 해결하고, 혼란스러웠던 위기들을 잊어버리고, 이렇듯 고난이 사라진 평온함의 황혼기를 맞았다.

이 짤막한 일대기의 마지막 대목을 정리하며 앉아 있노라니까, 몇 장의 훌륭한 삽화를 구체적인 증거로 곁들이지 않으면 내가 지금까지 기록한 내용의 많은 부분이 믿기 어려울지도 모르겠다는 걱정이 갑자기 내 머리에 떠올랐다. 나는 아주 가까운 거리에서 십여 년 동안이나 새의 삶을 관찰해 왔으면서도 단 한 장의 사진조차 마련해 놓지 않았다는 어리석음을 범했다.

나의 관점에서 보자면 내 참새의 삶은 하나의 실험으로 시작하여 깨달음으로 마무리를 지었지만, 내가 한 얘기가 진실임을 독자들에게 납득시키려면 사진기가 필요했다. 자신의 삶을 사진으로 설명하도록 참새를 유도할 방법만 있다면 말이다!

막연한 희망을 가지고 나는 우리 집을 방문하여 참새를 촬영

하도록 켄트 주 브롬리의 고든 체이스 회사 소속인 사진작가 케네스 감(Kenneth Gamm)과 시간 약속을 했다. 나는 낯선 촬영장보다는 자신의 집이라야 참새가 훨씬 마음이 편하리라고 판단했지만, 병을 앓고 난 다음부터 그는 어찌나 마음이 불안한 상태였는지, 모르는 사람이 나타났다 하면 새보다는 오히려 생쥐처럼 얼른 내 옷 속으로 도망치기가 보통이었기 때문에, 내 계획이 성공하리라는 확신은 거의 없었다.

그렇기는 해도 실험은 시도할 가치가 충분했고, 다시 한 번 그는 우리들을 놀라게 했다. 그는 전혀 겁을 내지 않았을 뿐 아니라, 그에게 요구하는 일이라면 무엇이라도 기꺼이 응하려는 열의를 보여주었다. 키가 큰 두 젊은 남자와 이상한 검정 보자기가 달리고 기다란 다리가 옆으로 세 개나 벌어진, 기묘하게 생긴 사진기가 살금살금 접근하여 가까이 가거나, 눈부신 조명용 아크등들이 머리 위에서 비춰도 그는 겁을 내지 않았다.

그에게 뇌물을 제공할 필요도 없었고, 내가 위장을 하거나 타일러야 할 이유도 없었으며, 참새가 머뭇거리고 주저하는 일도 없었다. 그는 유치원 시절에 배웠다가 6년이 넘도록 단 한 번도 연습조차 하지 않았던 온갖 자질구레한 묘기를 순서까지 제대로 맞춰가면서 거침없이 보여주었고, (병마에 시달리는 노쇠한 참새치고는) 대단히 훌륭한 공연의 대미를 멋지게 장식하기 위해 "여왕 폐하와 국가를 위해 목숨을 바치겠노라"면서 전사(戰死)하는 시늉을 하느라고 발랑 눕기까지 했다.

그것은 참으로 놀라운 사건이었다! 촬영은 기껏해야 반시간도 걸리지 않아서 끝났고, 못 쓰게 된 감광판은 겨우 두 장뿐이었으며, 사진들은 나중에 몇 장을 추가해서 이 책에 함께 실렸다.

아쉽게도 참새의 몸뚱어리가 지저분하게 헐었고, 질질 끌려다니느라고 더러워졌으며, 눈가에서는 동그랗고 예쁜 테가 사라져서, 이제는 더 이상 그가 참새들의 세계를 희대의 한량(閑良) 보 내시*처럼 풍미할 처지가 못 되어, 사진에서는 아름다웠던 과거의 모습을 흔적조차 찾아볼 길이 없었다. 하지만 적어도 그의 몸놀림에는 아무런 이상이 없었으며, 아직도 표현 능력은 건재하고, 무엇보다도 그가 뛰어난 기억력을 별로 상실하지 않았다는 사실을 사진들은 잘 보여준다.

---

* 보 내시(Beau Nash, 1674~1761)는 18세기 영국에서 유행의 첨단을 걸었던 도박사 리처드 내시의 별명으로, 프랑스어에서 온 beau는 '멋쟁이' 또는 '남자 애인'이라는 뜻이다. 내시는 장교 생활과 변호사 노릇도 잠시 했지만, 온천 휴양 도시 바스(Bath)에서 무도회나 사교적인 모임 등의 진행자로 명성을 날렸다. 1762년에는 소설가 올리버 골드스미드(Oliver Goldsmith, 1730~1774)가 『리처드 내시의 생애 The Life of Richard Nash』라는 책을 펴내기도 했다.

다음 사진과 관련해서 나는 우발적으로 이루어진 놀라운 일을 하나 언급하고 싶은데, 여기에서 그는 마치 명상에 잠긴 듯 말없이, 『하루의 광명 Daily Light』이라고 알려진 작은 고전 예배서\*를 응시하는 자세를 취했다. 다른 서적들과 무더기를 이루며 함께 쌓여 있었던 이 예배서는 단순히 크기가 작다는 점만을 고려해서 선택했으며, 별다른 생각도 없이 그냥 손이 가는 대로 아무 곳이나 펼쳐놓은 상태였다.

그런데 사진을 인화하고 난 다음에 내가 살펴보니, 그의 작은 부리가 가리키는 부분에 이런 내용이 담겨 있었다.

"참새 두 마리가 한 닢에 팔리지 않느냐? 그러나 그 가운데 한 마리도 너희 아버지께서 허락하지 아니하면 땅에 떨어지지 아니하니라."\*

이 구절은 아마도 성서에 적힌 모든 내용 가운데 피조물이 개체로서 지닌 개성을 창조주가 얼마나 소중하게 생각하는지를 구체적으로 가장 잘 보여주는 놀라운 계시라고 하겠다. 그렇다

---

\* 고전 예배서란 아침이나 저녁에 묵상하며 읽는 성경 구절 모음집으로, 1875년경 영국의 새뮤얼 백스터(Samuel Bagster) 출판사에서 펴낸 『하루의 광명 Daily Light』이 가장 유명하다.
\* 「마태복음」 10장 29절에 나오는 말이다. 이에 관해서는 책 뒤의 〈원제목에 관하여〉에서 자세히 설명하겠다.

면 이것은 무지하고도 하찮은 존재이기는 하지만, 자기도 모르는 사이에 칼 마르크스보다 훨씬 위대한 스승 노릇을 하는 참새를 묘사한 글인 셈이다. 이것은 의심이 많고 혼란에 빠진 인류에게 나의 참새가 전하는 짤막한 설교요 고별의 호소라고 여겨지며, 그래서 나는 그 말을 그대로 전하겠다. 그러니까 두려워하지 말라! 그대는 수많은 참새들보다 훨씬 가치 있는 존재이니라.

지금은 1952년 3월 말이어서, 오랫동안 기다렸던 종전(終戰)이 유럽에서 선포된 다음 거의 7년이 흘러갔다. 히틀러는 죽어서 많은 사람들의 기억으로부터 거의 사라지다시피 했지만, 나는 기습적인 야간 폭격과 등화관제의 추억 속으로 짤막한 한 순간 동안, 나의 작은 친구와 함께 다시 찾아갔다.

나의 작은 부엌이 눈앞에서 슬그머니 사라지는가 싶더니, 나는 상상 속에서 다시 한 번 옛날의 대피반장 초소로 돌아갔고, 방독면과 한 주전자의 차를 벗 삼아 늘어앉은 동지들이 열심히 지켜보는 가운데, "귀신들이 울어대는 순간"\* 을 기다리는 우리들을 위해서 새끼 참새가 탁자 위에 줄지어 얹은 철모들 옆에서

---

\* '귀신들이 울어대는 순간(Banshee Wailings)' 이란 공습경보 사이렌 소리를 뜻한다. '밴시(banshee)' 는 가족 가운데 죽을 사람이 생기면 울어서 미리 알려준다는 아일랜드의 요정을 이른다.

열심히 공연을 벌였다.

  그토록 늙은 새가, 예기치 않게 이렇듯 갑자기, 추억을 되돌려 젊은 시절의 활동을 재개하는 부활의 현상을 내가 어떻게 제대로 설명하겠는가? 나는 이 현상을 놓고 굉장히 많은 생각을 해보았다. 작디작은 한 생명체가, 그지없이 하찮은 참새 한 마리가, 나이를 많이 먹은 사람들처럼 어릴 적의 일들만을 기억하고 중간의 기나긴 세월은 망각하고서, 주변의 현실을 의식하면서도 '과거 속에서 살아간다'는 말인가?

  이 소박한 얘기의 마무리를 지으면서 나는 그 질문에 대한 해답은 의문으로 그냥 남겨두겠지만, 혹시 나의 가설이 옳다면 한 마리 작은 새의 이성은 지금까지 조류학자들이 추측했던 것보다 훨씬 더 많은 관심의 대상이 되겠다.

  세 차례의 사진 촬영이 끝나고 난 다음에 그는 힘이 너무 들어서 기진맥진해 보였고, 더 이상 참아달라고 한다면 참새에게 무리가 되리라고 나는 판단했다. 마치 그가 마쳐야 할 필생의 과업이 이제는 완전히 끝났음을 알기라도 하는 듯(사실 끝났다고 해도 과언이 아니었지만), 그는 모든 불필요한 활동을 중단하고 천막의 입구에서 꾸벅꾸벅 졸면서, 하루의 대부분을 쉬며 지냈다.

  그의 시력이 또다시 약해졌고, 깃털도 흉측할 정도로 다시 빠졌으며 이번에는 다시 날 기미도 보이지 않아서, 꼬리와 날개의 끝부분이 파삭파삭할 지경으로 말라붙어 부스러지기까지 했다. 의사는 호르몬 정제가 깃털이 새로 자라도록 자극을 줄 수도 있으니까 먹여보라고 제안했지만, 나는 앞날을 자연의 섭리에 그냥 맡겨두고 삶을 즐기는 그의 여력을 초과할 정도로 생명을 억지로 연장하려는 시도만큼은 하지 않는 편이 그에게 더 고마운 일이 아니겠느냐고 했고, 추위를 피하도록 훌륭한 보호를 받고 행복하게 살아가던 참새도 그러한 내 뜻을 받아들였다.

그는 아직도 머리핀을 가지고 즐겁게 놀면서, 담뱃대를 입에 문 노인처럼 걸핏하면 그것을 부리에 물고 앉아서 시간을 보내거나, 천막의 문 앞에 그것을 무슨 기념품처럼 전시하고는 한다. 참새가 죽고 나면 나는 그것을 함께 묻어줘야 되겠다는 생각이 들고, 그런 슬픈 일이 닥치고 난 다음에 혹시 내가 수를 놓아 그를 기념하는 무슨 깃발을 만든다거나, 그를 상징하는 문장(紋章)이나 기념패를 도안하게 된다면, 많은 경우에 놀랄 만큼 인간의 인생을 닮았던 짧은 어느 삶의 상징으로서 황금빛 머리핀 모양을 새겨 넣을 작정인데, 핀의 두 끝은 용기와 만족감을 의미하게 되리라.

나는 그가 어떤 종말을 맞게 될지가 궁금했다. 내 목에 몸을 파묻고는 피곤한 어린아이처럼 어느새 스르르 잠이 들고는 깨어나지 않으려는가, 아니면 비록 태어날 때부터 불구의 몸이기는 했지만 기나긴 인생 역정에서 전투에 임하기를 조금도 주저하지 않았고 마지막에는 영광스러운 휴식을 맞게 된 작고도 작은 백전노장처럼 그의 천막 안에서 평화롭게 죽어갈 것인가?

미래는 아무도 알 길이 없지만, 그림자들이 길게 늘어나면서, 기나긴 하루가 마침내 막을 내리려고 한다.

제7장

# 후일담

 몇 달 동안 이어지던 겨울은 아무런 미련도 없이 우리들로부터 떠나갔다.
 4월이 문 앞에 다다랐지만, 잔뜩 긴장하여 무거운 발걸음을 옮길 뿐, 웃을 줄은 몰랐다. (한때는 "잠을 깨워주는 나무"라고 불렸던) 편도나무가 신선한 아름다움을 품에 가득 안고 대지를 잠에서 깨우려고 두 팔을 벌렸으나, 차가운 바람이 봄의 열정을 차갑게 식히고 풀밭과 덤불에 눈이 두텁게 내리기 때문에, 꽃이 피어나다 말고 시들었다.
 꽁꽁 얼어붙기는 했지만 그래도 꽤 아늑한 바깥쪽 창턱에서는 참새들이 빵 부스러기를 차지하려고 싸움판을 벌였어도, 나의 작은 참새 동반자는 그들에게 신경조차 쓰지 않는다. 그는 다른 참새들보다 복이 많아서 추위와 배고픔을 알지 못하고,

그래서 나는 그가 행복하다고 믿고 싶다.

그는 여름을 무사히 넘길지는 몰라도, 폭삭 늙어버린 그의 모습을 보면 봄을 다시 맞아 그의 연약한 맥박이 빨라지리라고는 기대하기 어렵다. 그를 안락사 시킨다면 친구를 살해하는 것이나 마찬가지기 때문에, 나는 그가 스스로 돌연히 떠나기만 바란다. 그가 나를 두고 떠나더라도, 나는 언젠가 그를 다시 보게 되리라는 믿음은 버리지 않겠다.

어쩌면 너무나 터무니없는 환상이라고 많은 사람들이 놀릴지도 모르겠지만, 나는 짐승들과 새들이 홀로 죽음을 맞지는 않을 터여서, 동물일지 아니면 천사일지는 확실히 알 길이 없어도 무슨 기운이나 혼령이 찾아와서 더불어 머물며 마지막 순간에 그들을 위로하고 용기를 북돋아주리라는 공상을 한다.

그들로 하여금 마지막 시간에 고적한 곳을 스스로 찾아가도록 인도하는 본능의 힘은 우리가 알기보다 훨씬 더 깊은 의미가 있는지도 모른다. 그야 어떻든 간에, 우리들은 지고한 권위\*로부터, 어떤 참새라고 하더라도 사랑의 아버지가 알지도 못하는 사이에 죽음을 맞지는 않으리라\*고 의심할 나위가 없는 확고한 말로 다짐을 받았다. 나의 참새도 예외가 아니리라고 나는 굳

---

\* 여기서 '지고한 권위' 란 성경을 의미한다.

게 믿는다.

내가 이 글을 쓰는 동안 그는 내 손목에 올라앉아서, 어떤 미래가 그를 기다리는지 전혀 알지도 못하면서, 그리고 나하고 같이 있기만 한다면 현재에 대해서도 아무런 걱정을 하지 않으면서, 즐겁게 지저귄다.

친구와 동반자라는 면에서 그의 존재가 지닌 가치를 마지막으로 평가하면서 내가 과거 시제를 쓰려고 하는 까닭은, 그가 이제는 다시 먹여주고 따뜻하게 해달라며 보채기만 하는 어린애가 되었기 때문이다.

그의 성격은, 툭하면 사납게 성질을 부리고 질투가 심했다는 점을 빼고는 흠잡을 데가 없었다. 그는 파괴하고 싶어하는 기질이 없었으며, 언제라도 식사를 마다하는 법이 없기는 했어도 전혀 탐욕스럽지 않았다. 모든 참새가 그렇듯이 그는 기회주의자였지만, 그래도 도둑질을 한 적이 없었고, 먹으라고 주기 전

---

* 148쪽에 나오는 성경 인용문에서 "땅에 떨어지지 아니하니라"라고 번역한 부분의 원문은 "not falls to the ground"이며, 따라서 저자는 이 문장에서도 같은 동사를 썼다. 여기에서 'fall'은 여러 다른 성서의 번역 그리고 해석하는 사람들에 따라 거의 30가지로 비슷하면서도 다른 표현으로 쓰인다. 옮긴이는 그 가운데 '죽는다'는 의미가 가장 적절하다는 생각에 '죽음'이라는 말을 선택했다.

에는 제멋대로 무엇을 먹어치우는 법도 없었다.

그는 교활하지 않았고 속일 줄도 몰랐으며, 카나리아처럼 우유부단하지도 않고 사랑앵무처럼 심각한 표정으로 눈치만 살피지도 않았다. 쾌활하고, 열성적이고, 충동적이었던 그는 자신이 하고 싶은 바가 무엇인지를 정확히 알았고, 목적이 무엇인지를 정하면 쉽게 마음을 바꾸지도 않았다.

그에게 주어진 삶의 제한된 행동반경 속에서 스스로 적응해나가는 그의 능력은 일관성을 잃지 않았고, 그의 용기와 낙관적인 성격은 병을 앓거나 노쇠한 다음에도 전혀 수그러들 줄을 몰랐다.

나에 대한 그의 성실성은 한 번도 심각하게 의심할 필요가 없었다.

그의 노래 솜씨는 동족들 가운데 거의 유일하게 그에게만 부여된 재능일지도 모르겠고, 그렇지 않을지도 모른다. 사람에게 잡혀 집에서 키운 다른 참새들이 노래를 부른 사례가 있을지도 모르겠지만, (카툴루스의 꼬마 친구를 제외한다면) 나는 그런 얘기를 들어본 적이 없다. 그런 사례들이 있었더라도 그들의 노래는 내 참새의 노래하고는 분명히 달랐으리라.

예술의 여신 무사이*가 개똥지빠귀와 숲종다리를 찾는답시며, 시끄럽게 떠드는 참새 떼를 헤치고 별다른 생각도 없이 발길을 서두르다가, 내 참새의 옆을 지나가면서 갑자기 충동을 느껴 그를, 오직 내 참새만을 손으로 만지고 지나갔다면, 그것은 정말로 이상한 일이겠다.

피아노가 없었다면 그는 아마 전혀 노래를 부르지 않았을지도 모르겠지만, 그는 적어도 그의 종족이 그만큼의 대단한 수준을 성취하기가 불가능한 일이 아님을 증명했으며, 참새들이 지붕 꼭대기에서 그토록 말다툼을 벌이고 수다를 떠느라고 시간을 낭비하지만 않는다면 우리들에게 날마다 즐거운 노래를 불러주며 평생을 보낼지도 모를 일이다.

지능에 있어서 나는 그가 출중했다고는 생각하지 않는다. 그보다 훨씬 똑똑한 새들을 나는 많이 보았다. 그가 매력적인 존재로서 관심의 대상이 된 까닭은, 특이한 환경을 매개체로 삼아서, 인간이 함께 나누고 이해할 수 있는 언어로 야생에서의 본성을 표출시키는 능력 때문이었다.

그리고 바로 그런 이유로 해서 그는 독보적인 존재가 되었다.

---

\* 무사(Mousa, 영어로는 Muse)는 그리스 신화에서 예술의 여신이다. 제우스와 기억의 화신인 므네모시네 사이에서 태어났으며, 아홉 명이 있었다고 하는데 그들을 통칭할 경우에는 명칭이 복수인 '무사이(Mousai, 즉 Muses)'가 된다.

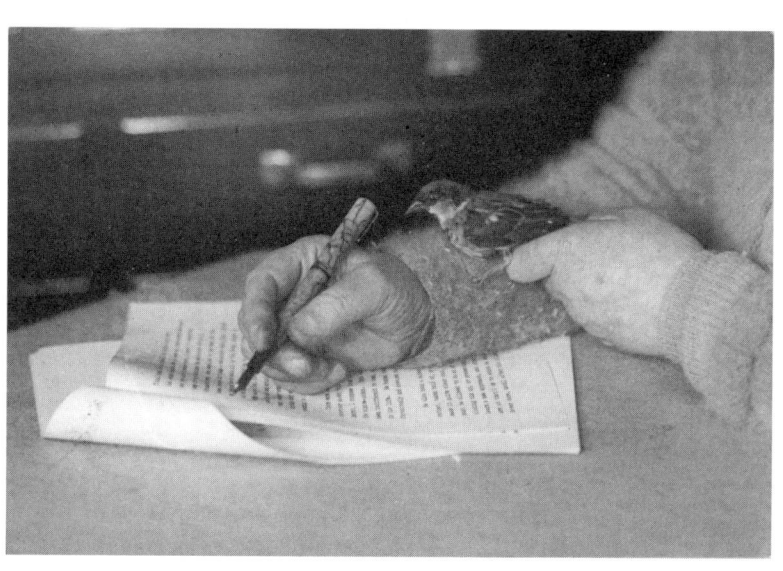

제8장

# 클래런스의 죽음

 내 참새는 1952년 8월 23일, 이 작은 책의 집필이 끝나고 4개월 후에 세상을 떠났다.

 그는 앞이 거의 보이지를 않았지만, 청력은 여전히 예민했다. 두 차례나 용감한 시도를 벌이기는 했어도 그는 너무 힘이 없어서 두 발로 일어서지 못했고, 따뜻한 내 손바닥에 조용히 자리를 잡고는 몇 시간 동안 꼼짝도 하지 않고 누워 있었다.

 갑자기 그는 머리를 들고, 오랫동안 귀에 익었던 목소리로 나를 한 번 부르고는 숨을 거두었다.

 그는 12년 일곱 주일하고도 나흘 동안 세상에 살았으며, 마지막 순간까지 용감하고, 총명하고, 의식을 잃지 않았다. 사망 원인은 최고령에 달한 나이였다.

 누더기처럼 헐어빠진 깃털만이 작디작은 하나의 덩어리로 남은 그의 유해를 안치한 합튼우드의 자그마한 무덤에는 이렇게 비문을 새겨 넣었다.

### 사랑을 받았던 유명한 참새 클래런스

1940년 7월 1일에 태어나 1952년 8월 23일에 사망하다.

# 줄리언 헉슬리\*의 해설

　진정한 조류 연구가라면 필시 새를 사랑하는 사람이기도 하며, 진심으로 새를 사랑하는 사람이라면 필연적으로 새를 연구하는 사람이 된다. 새를 연구하거나 사랑하는 그런 모든 사람들에게는 킵스 부인의 책이 크나큰 흥밋거리를 제공하는 기쁨의 선물이 되겠다.

　무엇보다도 우선, 태어난 지 겨우 하루밖에 안 되는 가엾은 아기 참새를 누군가 거두어서, 그냥 다 자랄 때까지만이 아니라 늙어 천수를 다하고 죽을 때까지 키우며 함께 살았다는 사실

---

\* 줄리언 헉슬리(Julian Huxley, 1887~1975)는 영국의 생물학자로 소설가 올더스 헉슬리의 형이다. 과학 대중화에 힘썼으며, 유네스코(국제연합교육과학문화기구)의 초대 사무총장을 지냈다.

은 그 자체로서 놀랍기도 하려니와, 내가 보기에는 특이한 하나의 업적이라고 믿어진다.

야생 조류들 가운데 아마도 지극히 소수만이 늙는 단계까지 살아남는 듯싶으며, 단순히 나이가 너무 많아서 죽는 경우란 찾아보기도 어렵겠고, 집에서 키우는 새들이라고 해도 비정상적인 먹이나 생활 여건 때문에 질병에 걸리거나 기능 장애를 일으켜 대부분 수명을 다하지 못하고 죽기가 쉽다.

그러므로 집에서 키운 이 특별한 집참새(house-sparrow)가 천명을 다했으며, 12년하고도 일곱 주일에 나흘이나 살았다는 기록은 과학적으로 상당한 관심을 끌 만하다.

킵스 부인의 참새가 나이를 먹어가는 과정을 소상하게 서술한 내용도 흥미롭다. 이 참새는 네 살과 여섯 살 사이에 신체적인 외양과 깃털의 아름다움과 지능, 발성 능력에 있어서 최고조에 이르렀던 듯싶다. 그는 열한 번째 생일을 맞은 직후까지 건강 상태가 매우 좋았으며, 그 이후로는 가끔 밤중에 잠을 자다가 횃대에서 떨어지고, 때로는 킵스 부인이 '히스테리'라고 서술한 상태에 이르기도 했고, 그로부터 얼마 후에는 일종의 뇌졸중(腦卒中)을 일으켜 의식을 잃었으며, 그로 인해서 몸의 일부가 마비되었다.

이런 일을 겪고 난 다음 킵스의 참새는 노래를 다시는 부르지 않았고, 기력과 민첩성이 급속도로 떨어져 횃대로 올라가기도 무척 힘겨워했으며, 변비에 시달리고 깃털이 빠지기 시작했다. M. & B.로 변비는 치료가 되었고, 샴페인으로 기운을 차렸으며, 비타민이 특별히 풍부한 식사를 함으로써 참새는 전반적으로 건강이 좋아졌다.

하지만 여전히 그는 운동 기능의 조화가 현저하게 부족한 면을 드러냈고, 걸핏하면 뒤로 자빠져서 사람이 집어 올려 똑바로 앉혀줘야만 했다. 얼마쯤 지나고 나서 그가 뒤집힌 자세에서 발딱 재주넘기를 해서 뛰어올랐다가 다시 똑바로 내려앉음으로써 스스로 몸을 일으키는 방법을 터득했다는 점은 대단한 일이었다.

전에는 그에게 큰 자극을 주었던 대부분의 사물이나 사건들에 대해서 킵스의 참새는 점점 더 흥미를 잃었다. 마침내 그는 횃대에 올라앉거나 날아다닐 힘조차 없어졌고, 누군가 끊임없이 돌봐주고 씻겨주지 않으면 안 되는 지경에 이르렀다. 하지만 참새의 행동은 변함없이 놀랍도록 뛰어난 적응력을 보여주었고, 그래서 넘어지거나 떨어지더라도 멍이 들거나 다치지 않도록 부드럽고 두툼한 담요 자락을 바닥에 깔아준 다음에는, 입에 무엇인가를 물고는 강종거리며 오락가락 뛰어다니는 놀이를 발명하더니, 나중에는 물건을 하늘로 던졌다가 부리로 다시 받아내는 재주까지 부렸다.

 킵스의 참새는 왼쪽 발이 평생 불구였지만, 이제 몸 여러 부위 사이에 운동신경의 협조가 잘 이루어지지 않자 그는 식사를 하는 동안 먹이 그릇을 붙잡는 데 왼발을 사용했으며, 여기에서 성공을 거두자 다른 발까지도 같은 목적으로 사용하기에 이르렀다.

 무엇보다도 신기했던 점은, 열두 살이 된 해의 후반기에 심장마비를 일으키고 난 다음 그는 깡충거리며 뛰어다니기가 너무 힘에 부친다는 사실을 깨닫고는 두 발을 하나씩 차례로 옮기면서 걷는 방법을 터득했는데, 이것은 정상적인 참새에게서는 아주 보기 드문 사례였다.

 몇 주일 동안 그는 난생 처음으로 식량을 비축하는 행동을 보였지만, 곧 그런 버릇은 완전히 사라졌다. 그는 점점 더 깊은 잠을 자고, 더 오래 수면을 취하고, 점점 더 금방 잠이 드는 경향을 보였다.

 그는 머리핀을 굉장히 편애해서, 한참 동안 입에 물고 앉아 있거나, 잠을 자는 동안에는 그의 '숙소' 앞쪽 입구에 놓아두고는 했다. 그의 청각은 변함없이 예리했지만, 시력은 점점 나빠져서 거의 앞을 보지 못할 지경이 되었다.

 일생을 마치던 날 그는 몸을 일으킬 기운이 없어서 킵스 부인의 손바닥에 몇 시간 동안 꼼짝도 하지 않고 가만히 누워 있기만 했다. 그러더니 갑자기 머리를 들고 한 번 짧게 지저귀고는, 숨을 거두었다.

\* \* \*

책에 등장하는 가장 희한한 사건은 참새가 부르는 노래다. 야생의 집참새들은 지저귀거나 그냥 찍찍거리기만 할 따름이지, 노래라고 할 만한 소리를 내지 못한다. 따라서 이 새가, 일부러 가르친 바가 전혀 없이 상당히 즉흥적으로 노래를 부르기 시작했다는 사실은 정말로 아주 보기 드문 경우다.

짐작건대 킵스 부인의 참새에게는, 그가 살아가게 된 환경에서 늘 접하는 색다른 음향들이 특이한 발성을 하도록 자극하는 원인이 되지 않았나 싶다. 그의 생애에서 처음 몇 주일 동안 그는 야생 참새들보다 훨씬 더 광범위한 소리와 음색을 다양하게 채집하여 익혔으리라고 믿어지며, 그의 다양한 발성 방식이 계속해서 늘어났기 때문에 그런 추측이 가능하다.

그리고 킵스 부인은 그녀가 피아노를 연주할 때마다 새가 뚜렷한 흥분 상태를 나타냈다고 기록한다. 하지만 참새가 가락과 고음을 구사하면서, 그리고 심지어는 목소리를 떨어대기까지

줄리언 헉슬리의 해설 167

하면서, 진짜로 노래를 부른다는 사실을 그녀가 발견한 상황은, 정말로 놀랍게도, 새가 혼자 지내는 시간에 이루어졌다.

킵스 부인은 직업이 음악가였고, 그래서 그녀는 독일이 기습적인 공습을 자행하던 무렵에 대피 지도반 소속의 민방공 요원으로 근무하면서도 피아노 연습만큼은 게을리 하지 않으려고 노력했다. 그녀가 조심스럽게 암시한 바와 같이, 이런 음악적인 자극을 규칙적으로 받지 않았더라면 참새가 노래 솜씨를 절대로 발전시키지 못했으리라는 주장도 가능하겠지만, 우리로서는 확실히 알아낼 길이 없다.

어쨌거나 참새가 노래 솜씨를 발전시키는 과정은 즉흥적으로 자연스럽게 진행되었다. 그에게 노래를 부르도록 가르치려는 시도는 전혀 없었으며, 또한 새가 부른 노래에는 어떤 의미에서도 피아노 연주를 듣고 모방한 흔적이 없었다.

그가 노래를 처음부터 끝까지 전곡을 다 불렀던 시기는 알에서 부화한 다음 해의 봄과 여름 동안뿐이었는데, 그때는 새의 생식 기관이 제대로 영글어서 호르몬을 그의 피 속으로 마구 부어 넣던 무렵이었다. 이것은 당연히 예상했던 현상이었지만, 그가 어떤 노래라도 작곡을 하리라는 가능성은 전혀 뜻밖의 일이었다. 피아노 연주는 흔히 그가 노래를 부르기 시작하도록 자극하는 촉진제 역할을 했으며, "떤꾸밈음이 들어간 음악과,

빠른 속도로 연주하는 최고음부의 음계"가 그에게 가장 강력한 영향을 주는 듯싶었다.

더욱 흥미를 끄는 점은 그가 아주 뚜렷하게 다른 두 곡의 노래를 완성했다는 사실이다. 킵스의 집참새는 그것들을 때로는 따로 하나씩 부르기도 했지만, 보통은 두 곡 중 보다 단순한 노래를 서곡처럼 먼저 부르고 난 뒤에 8분음표로 구성된 떤꾸밈음이 두 군데 들어간 더 복잡한 노래를 부르고는 했다.

물론 개똥지빠귀나 노래지빠귀와 같은 여러 명금류는 확실하게 차이가 나는 짧은 악절 몇 가지를 다양하게 구사할 줄은 알지만, 그런 악절을 독립시켜 하나만 부르는 적이 거의 없으며, 이 참새의 경우처럼 종류가 다른 두 가지 새가 내는 소리라고 착각할 만큼 그렇게 각별한 차이가 나지도 않는다. 사실 나는 영국의 야생 조류 가운데 현격하게 다른 두 가지 노래를 부를 줄 아는 새라면 숲솔새 하나밖에 알지 못하는데, 이 새도 두 노래를 항상 따로 부르지 한 곡이 다른 곡의 서곡 노릇을 하지는 않는다.

그 밖에도 흥미 있는 점은 그가 털갈이 철만 제외하고는 일 년 내내 노래를 부른다거나, 다섯 살이 되던 해 끝자락에 그가 둘째 노래에서 두 번째 떤꾸밈음 부분을 포기하고는 귀에 거슬릴 만큼 깍깍거리는 쉰 소리로 교체했다는 사실, 그리고 하르츠 산맥 롤러 카나리아와 같은 방에서 키우던 무렵에도 참새의 노래가 카나리아로부터 아무런 영향을 받지 않았다는 사실이다. (유럽에 서식하는 되새에 관한 폴슨의 논문을 따른다면, 만일 집참새가 깃털이 다 난 다음 첫 봄철에 실험을 했다면 카나리아의 노래에서 무엇인가 참새에게 '각인(刻印)'이 되었을 가능성도 없지는 않다.)

그리고 이미 언급한 바와 같이, 그의 삶에서 마지막 해에 발작을 일으켜 몸이 마비된 다음에는 노래를 전혀 부르지 않았다는 사실 또한 흥미롭다.

\* \* \*

당연히 예상할 만한 사실이었지만 참새는 킵스 부인을, 적어도 대부분의 목적을 위해서는, 어미로 받아들였다. 이것이 혹시 콘라트 로렌츠\*가 서술한 바 새끼 기러기들에게서 나타났던

---

\*콘라트 로렌츠(Konrad Lorenz, 1903~89)는 오스트리아의 동물심리학자로, 동물 비교행동학 연구에 기여한 공헌으로 1973년 노벨 생리의학상을 받았다. 그의 저서 『솔로몬의 반지』(1949)를 보면 기러기가 알에서 부화하여 처음 보는 대상을 무조건 어미로 생각한다는 '각인(imprinting)' 현상에 대한 설명이 나온다.

이른바 '각인' 현상에서처럼 일찌감치 한꺼번에 현실 전체를 받아들인 결과였는지, 아니면 서서히 '학습'한 결과였는지는 단언하기가 어렵다. 하지만 성별에 따라 동종이형(同種二形)인 대부분의 조류들이 거울에 비친 자신의 모습을 경쟁자로 인식하여 적개심을 나타내기가 보통임에도 불구하고 참새가 거울상에 대해서 아무런 반응도 보이지 않았다는 사실로 미루어보아 각인설이 유력해 보이기도 하고, 아니면 혹시라도 새의 본능적인 행동양식에 어떤 획기적이고 돌이킬 수 없는 변화가 일어났는지도 모를 일이다.

어쨌건 간에 어울리지 않는 대상을 어미로 간주하는 전이 현상은 일찍부터 작용했던 듯 보인다. 아직 무척 어렸을 때부터 참새는 그의 여주인에게 접근하는 권리, 그리고 그녀의 침대에서 그에게 주어진 '둥지'를 수호하기 위해서 투쟁했으며, 성숙한 다음에는 그녀에게 시시각각 '몸매를 뽐내'었지만, 어떤 다른 생명체에게도—종이 같거나 다른 어떤 야생 조류에게든, 다른 인간에게든, 그리고 잠시 동안 그와 방을 함께 썼던 길들인 카나리아에게든—결코 그런 행동을 보인 적이 없었다.

참새가 상당히 나이를 먹은 후에, 여주인이 한 주일 이상 집을 비웠다가 돌아가면 그녀의 정체를 '잊어버리고'는 한참 동안 혼란에 빠져 멍하니 서서 물끄러미 쳐다본 다음, 뒤늦게 누구인지 알겠다는 듯한 반응을 보이고는 했다던 것도 상당히 흥미를 끄는 사실이다. 분명히 참새는 그녀를 개인적으로 인식했으며, 그래서 언젠가 한 번은 킵스 부인이 출장을 간 사이에 하룻밤 묵어가려고 찾아온 그녀의 친구(여의사)에게 마구 화를 내는 사태가 벌어지기도 해서, 여의사가 잠자리에 들려고 하자 참새가 어찌나 맹렬한 공격을 가했던지 견딜 수가 없어서 일어나 앉아 참새가 자기 자리를 먼저 찾아 들어갈 때까지 순서를 기다려야만 했다.

참새가 네 살이 되었을 때는 새장을 창문 가까운 곳으로 옮겨주었는데, 그는 야생 참새들이 지저귀는 소리에 반응을 보이느라고 덩달아 소리를 질러대며 부채꼴 채광창으로 날아가기도 했고, 바깥에서 새들이 짝짓기 상대를 차지하려고 (집단 싸움을 벌이거나 몸매를 뽐내면서) 벌이는 광경을 보고는 흥분이 고조되기도 했지만, 그 이상은 다른 새들에 대해서, 심지어는 그들이 방 안으로 날아 들어왔을 때까지도, 별다른 관심을 나타내지 않았다.

그런 반면에, 바깥세상에서 다른 새들이 벌이는 활동을 보고 그는 두려움이 무엇인지를 깨닫게 된 듯싶다. 전에는, 예를 들어 그가 첫 가을을 보내던 무렵에는, 새장 바로 바깥에서 고양이가 노려보더라도 그는 (놀라거나 흥미를 느껴서 그냥 몸이 굳어버리기는 할지언정) 어떤 두려움도 드러내지를 않았으나, 이제는 멀리 떨어진 곳에서 돌아다니는 고양이를 보기만 해도 (그리고 참으로 의아한 노릇이지만, 유리창을 닦는 사람을 보면 더욱 심하게) 공포감을 요란하게 표현하고는 했다. 또한 이 무렵에는, 필시 야생의 새들을 관찰하고서 나타낸 반응이겠는데, 그는 처음으로 유리창에 앉은 파리를 사냥하기 시작했다.

주요 관심의 초점을 킵스 부인에게로 옮긴 결과로, 참새는 본능적인 갖가지 활동의 대체(代替) 목표를 설정하게 되었다. 여주인의 침대에서 물오리 솜털을 넣은 이불 밑 어느 한 곳은 그가 제2의 둥지로 벌써부터 사용하는 장소들 가운데 하나가 되었고, 그녀의 헐렁한 스웨터 안쪽도 마찬가지였다.

이런 예비 둥지들을 그는 한 번도 더럽혀놓은 적이 없으며, 예를 들면 배설물을 모서리 너머로 쏘아버리기 위해 물그릇의 테두리까지 기어가고는 했던 사실도 특기할 만하다. 성적으로 성숙해진 다음에는 솜털 이불 밑의 예비 둥지가 번식 장소의 의미를 갖게 된 모양이어서, 그는 성냥개비나 머리핀을 그곳에 모아두기도 했다. 하지만 그는 적절한 재료가 제공되었을 때도 둥지를 지으려는 진지한 노력을 전혀 기울이지 않았다.

킵스 부인의 머리카락은 흙이나 모래로 목욕을 하려는 그의 본능을 발산하는 대용품 노릇을 해서, 그는 습관적으로 그녀의 머리카락 속에서 가공의 모래 목욕〔沙浴〕을 즐기고는 했다. 가끔 그는 『더 타임스』의 1면 (안에서라기보다는) 위에서도 똑같은 행동을 했고, 언젠가는 신문에 인쇄된 글자들을 하나씩 물어서 날개 밑에 품으려고도 했는데, 이 보기 드문 기행은 보아하니 '개미 잡이(anting)'를 대신하는 행동이었던 모양이다.*
기생충을 제거하기 위해서 취하는 행동인 듯싶은데, 많은 새들이 개미를 물어서 날개 밑에 묻어두는 기이한 습성을 보인다.

킵스 부인은 다른 놀라운 사실들도 여러 가지 기록했으나, 그녀의 저서가 과학적인 흥미를 끄는 내용을 많이 담았다는 점을 보여주는 데는 이 정도로도 충분하지 않을까 한다. 하지만 이 책은 참새를 돌봐주느라고 킵스 부인이 아끼지 않았던 인내와 헌신에 대한 기록뿐 아니라 참새의 행동과 개성이 드러나는 오묘하고도 돌발적인 내용으로 인하여, 일반적인 호소력도 충분히 갖추었다.

나는 이 책을 읽으며 크나큰 즐거움을 얻었고, 많은 독자들이 그 기쁨을 함께하게 되리라고 확신한다.

1953년 5월

줄리언 헉슬리

---

* 모래 목욕에 대해서는 본문 28쪽의 각주를, 개미 잡이에 대해서는 50쪽의 각주를 참조하기 바란다.

## 클레어 킵스와 참새들

안정효

클레어 킵스(Clare Kipps)의 본명은 루시 헬렌 맥덜린 거들스톤(Lucy Helen Magdalen Girdlestone)으로, 1890년 7월 19일 영국 슈롭셔 주의 횟처치에서 출생했다. 어머니 오거스타 거들스톤은, 본문에서도 언급한 사실이지만, 루시를 낳고 사흘 만에 세상을 떠났다.

그녀의 아버지 엘드리드 호러스 거들스톤은 웨일스의 덴비에서 침례교 목사였다가, 슈롭셔로 거처를 옮겨 루시와 그녀의 오빠 나이젤을 낳았다. 그는 1898년에 메리 기움과 재혼했으며, 다시 도싯 주의 본머스로 임지를 옮겼다가 1925년에 사망했다. 루시(클레어)는 목사인 아버지로부터 크게 영향을 받아서인지 글에서 종교적인 성향이 강하게 드러난다.

메리 기움은 남편이 죽은 다음에도 본머스에서 계속 살다가

1944년에 사망했으며, 이 '계모'에 대한 언급은 본문에서도 잠깐 나타난다.

클레어 킵스는 1886년에 태어난 오빠를 헌신적으로 돌봤다고 하며, 나이젤은 성장한 다음 이든 모슬리와 결혼하여 딸 대프니 이든 블랜치 홀스테드를 낳았다. 클레어 킵스의 유일한 유족인 대프니 홀스테드는 2011년 현재 93세가 되었다.

클레어 킵스는 본머스의 작은 사립학교에서 교육을 받았으며, 30대 초반에 런던의 왕립음악원(Royal Academy of Music, RAM)에 입학해서 피아노를 전공했다. 그녀는 음악원을 졸업한 후에, 독일 베히슈타인(Bechstein) 피아노 회사가 1901년에 실내악 전용 공연장으로 건립한 위그모어 홀(Wigmore Hall)처럼 유명한 런던의 여러 공연장에서 피아노 독주를 전문으로 하는 음악인이 되었다.

34살이 되던 1924년에 그녀는 (RAM에서 그녀의 지도교수였던) 작곡가이며 오르간 연주자 윌리엄 존 킵스와 결혼했다. 그들 부부는 당대의 음악인들이나 문단 인사들과 교류가 활발했으며, 특히 BBC 방송이 주관하여 해마다 여름에 8주간 동안 날마다 고전음악을 소개하는 '야외 음악회(The BBC promenade concerts, 줄여서 The Proms)'에서 오래 활동한 지휘자 헨리 우드 경(Sir Henry Joseph Wood, 1869~1944),

웨일스 태생의 영국인 음악가로서 많은 무대극의 반주 음악과 희가극을 작곡한 에드워드 저먼 경(Sir Edward German, 1862~1936), 시인 월터 드 라 메어, 그리고 생물학자 줄리언 헉슬리와는 매우 각별한 사이였다.

두 사람은 런던의 교외 지역인 브롬리에서 살았고, 1938년 남편이 세상을 떠난 다음에도 클레어 킵스 부인은 계속 그곳에서 거주하면서 제2차 세계대전 중에는 이 지역의 공습 대피반장으로 활동했다.

이 무렵의 어느 날, 방공호 근무를 끝내고 귀가하던 킵스 부인이 (태어난 지 하루 만에 집 앞 둥지에서 땅으로 떨어져 사경을 헤매는) 불구의 아기 집참새를 구출하는 뜻밖의 사건이 발생하고, 이때부터 참새 한 마리와 인간 사이에 맺어진 12년 눈물겨운 사연이 시작된다.

참새는 홀로 사는 피아니스트의 극진한 간호를 받아 건강을 되찾고는 무럭무럭 자라나면서, 음악적인 소질과 연기력을 인정받아 인기 연예인이 된다.

방공호와 휴게소에서 민방공 대원들과 대피 시민들, 그리고 겁에 질린 아동들을 위해 참새는 카드 돌리기와 뽑은 카드 알아맞히기 요술에 머리핀 줄다리기 묘기는 물론이요, 신문을 읽는다거나 공습경보를 듣고 대피하는 연기, 심지어는 적군의 총을 맞아 장렬하게 전사하는 순국의 연기까지도 천연덕스럽게 해내어서 수많은 사람들에게 웃음을 주었고, 여러 가정집의 응접실까지 찾아다니며 순회공연을 열심히 한 나머지 '클래런스'라는 예명도 얻는다.

특히 독일 공군으로부터 공습을 당하는 런던 시민들 앞에서 히틀러의 흉내를 내는 그의 공연은 대단한 호응을 얻었다. 클래런스는 작은 깡통 잔의 꼭대기에 올라서서, 점점 목소리를 높여가며 히틀러 총통처럼 맹렬하게 지저귀다가, 마지막에는 기절을 해서 바닥으로 떨어지는 연기를 자주 보여주었고, 히틀러 참새에 관한 기사가 신문에 실리고 그를 묘사한 그림들이 적십자 카드에도 등장하자 그의 명성은 국제적으로 퍼져나갔다.

이쯤 되자 클래런스 얘기를 책으로 써보라는 여러 사람의 권유를 받게 된 킵스 부인은 1953년 '어느 작은 참새의 일대기'를 세상에 선보이게 된다.

책의 두께로만 미루어 보더라도 쉽게 짐작이 가겠지만, 저자가 머리말에서 스스로 밝혔듯이 클래런스의 '전기'는 절제된 문체로 감정을 억제해가면서 초연하게 서술하는 화법을 취했고, 그러한 결과로 예를 들면 마지막 부분에서, 사랑하던 새의 죽음을 맞는 음악가의 심정도 더욱 애절하게만 느껴진다.

뿐만 아니라 참새를 인간으로 대우하는 (약간은 과장된) 정서가 처음부터 끝까지 일관된 가운데, 개별적인 어휘의 선택도 돋보인다. 옮긴이가 번역에서 고루한 한자 표현을 많이 사용한 까닭은 저자가 웃음을 자아내기 위해 일부러 어렵고 장식적인 표현을 동원했던 의도를 그대로 살려보기 위해서였다.

만담가나 희극인들은 청중과 관객을 더욱 웃기기 위해서 자신은 절대로 웃지 않는다. 감정이란 화자가 자신의 감정을 절제하면 절제할수록 그만큼 더 폭발력이 강화되기 때문에, 슬픔이건 기쁨이건, 웃음이건 분노이건, 상대방의 반응을 자극하려면 그래서 심각하거나 점잖은 무표정이 가장 효과적인 요령이다.

무거운 문장으로 익살과 해학의 효과를 배가시키는 요령, 그것이 바로 킵스 부인이 이 책에서 한껏 활용하는 공식이다. 이렇듯 감정을 절제함으로써 오히려 슬픔을 증폭시키는 기법은 그 자체가 독자들에게 문학적인 즐거움을 주고, 그래서 옮긴이는 소설이 아닌 책을 번역하면서도 소설을 번역할 때 못지않게, 지난 한 달 동안 한껏 일에 심취하는 여유를 즐겼다.

이 책은 출판이 되자마자 삽시간에 영국에서 선풍적인 인기를 끌었다. 그러고는 미국, 이탈리아, 독일, 덴마크, 네덜란드, 스웨덴, 핀란드, 인도에서 줄지어 번역판이 나왔으며, 일본의 경우에는 1956년과 1994년에 이어 2010년에 세 번째로 새로운 번역이 이루어져서 이 책의 인기가 어느 정도인지를 널리 입증했다.

이어서 킵스 부인은 어린이를 위한 '어느 작은 참새의 일대기'인 『클래런스 이야기 The Story of Clarence』와 『하찮은 것들의 중요성 Sold for a Song – A Study of an Arabian Mongoose』, 그리고 『공습 대피반장의 시집 Poems of an Air Raid Warden』을 발표했다.

클래런스가 죽은 다음 몇 달이 안 되어 어떤 여자가 킵스 부인에게 연락을 취하고는, 혹시 부상을 당한 다른 새 한 마리를 돌봐주지 않겠느냐는 부탁을 했다. 클래런스에 대한 부담이 없어져 이제는 마음 놓고 여행이라도 좀 하게 되었다고 생각하던 참이어서 마음이 내키지 않았던 킵스 부인은, 결국 설득을 당해 '티미'를 맡기로 했으며, 그 결과로 1962년에는 『티미라는 참새 이야기 Timmy: The Story of a Sparrow』가 세상에 나왔다.

킵스 부인이 10년 동안 키우며 돌봐준 두 번째 참새 양자 티미는 훨씬 사교적이고 말이 많았으며, 히틀러 연기를 할 줄은 몰라도 동전을 받아 목사에게 전해 주는 "헌금 공연"은 퍽 유명했다고 한다. 하지만 그에 대한 독자들의 반응은 클래런스의 경우보다 덜 열광적이었다.

참새를 22년 동안이나 동반자로 삼았던 킵스 부인은 자신의 아이를 두지 못해서, 질녀 대프니와 함께 노후를 보내다가 1976년에 86세의 나이로 세상을 떠났다.

## 원제목에 관하여

이 책의 영어 제목 Sold for a Farthing의 출처는 성경의 「마태복음」 10장 29절로서, 영문 내용과 우리말 성경의 번역은 이러하다.

"Are not two sparrows sold for a farthing, yet not one of them falls to the ground without your Father?"

"참새 두 마리가 한 닢에 팔리지 않느냐? 그러나 그 가운데 한 마리도 너희 아버지께서 허락하지 아니하면 땅에 떨어지지 아니하느니라."

우선, 위 성경 번역문에서는 둘째 문장의 "그 가운데 한 마리도"가 마치 앞 문장에 나오는 "참새 두 마리" 가운데 한 마리라는 말처럼 들리지만, "one of them"은 "one of (the) two sparrows"가 아니라 "one of (the) sparrows", 즉 "이 세상의 모든 참새 가운데 어느 한 마리라도"라고 해야 의미가 정확해진다고 옮긴이는 생각한다.

"without your Father" 또한 그리스어 원문을 직역한 표현으로서, 그 해석에 대한 이견이 갖가지인데, 옮긴이의 판단으로는 'without one's will or intervention(~의 의지나 간섭)'이라는 표현이 본디 의미에 가장 가까울 듯싶다. 그러니까 "아버지(하느님)가 원하거나 정하지 않고서는 아무리 미천한 참새 한 마리라도 그냥 죽지는 않는다."고 하면 훨씬 이해하기가 쉬워진다.

"falls (to the ground)"의 번역에 관해서는 157쪽의 각주에서 이미 설명해두었다.

제목으로 쓰인 '(two sparrows) sold for a farthing'도 우리말로 된 어느 성경에서는 "두 마리가 한 앗사리온에 팔리는"이라고 번역했는데, 지나치게 고지식한 번역인 듯싶다.

'앗사리온'은 드라크마(drachma)의 10분의 1에 해당하는 앗사리움(assarium) 또는 앗사리우스(assarius)라는 기준 화폐 단위로서, 노동자의 하루 임금에 해당하는 액수를 나타낸다. 상대적인 가치는 달랐겠지만, 로마에서는 역시 노동자의 하루 임금을 기준으로 한 액수를 1 데나리온(denarion 또는 denarius, 복수형 denarii)이라고 했으며, 데나리우스(denarius)의 약어인 d.는 영국의 페니(penny, 복수형은 pence)를 뜻하는 말로도 쓰였다.

가룟 유다가 예수를 팔아넘긴 몸값은 30데나리온이었다. 예수가 살았던 당시에는 시골에 사는 유대인 가족의 1년 최저 생계비가 300데나리온이었다고 한다.

영화 「벤허」를 보면, 아랍 족장이 멧살라(스티븐 보이드)를 목욕탕으로 찾아가 전차 경기에 내기를 걸자고 도전하는 장면이 나온다. 이때 어느 로마 장교가 "1,000 데나리온"을 제안하지만, 족장은 "어찌 미천한 백성과 위대한 로마인의 몸값이 같겠느냐"고 약을 올리며 4대 1의 승률로 1,000달란트(고대 그리스어 talanton에서 온 말이며 영어로는 talent)를 걸자고 역제안한다. 1,000달란트는 600만 데나리온(예수 20만 명의 몸값)에 해당된다.

그렇다면 파딩(farthing)은 어떤 화폐 단위일까?

1961년에 폐지된 영국의 동전 파딩은 4분의 1 페니였으므로, 'two sparrows sold for a farthing'이라면 참새 한 마리가 8분의 1 페니라는 계산이 나온다. 하지만 일반적인 용법으로 '파딩'이라고 하면 우리말 표현에서 "어림 반 푼어치도 없다"의 '반 푼'과 같은 의미가 된다. 그러니까 'sold for a farthing'은 '싸구려로 팔린다'는 의미로, 구체적인 액수를 언급하는 말이 아니라, 하찮은 어떤 존재나 사물을 지칭하는 표현이다.

### 옮긴이의 꼬리말
# 참새와 솔개와 말똥가리와 제비

　이 책에서는 자식이 없는 인간 클레어 킵스와 어미가 없는 참새 클래런스 사이에서 인간과 조류가 공존의 교감을 이룬다. 그리고 인간이 자식으로 '입양' 한 집참새가 성숙하여 호르몬의 분비가 왕성해지자, 그들의 우정은 비록 일방적이기는 하지만 이성간의 애정이라는 차원으로까지 발전한다.

　참새 클래런스는 양어머니에게 '연애' 를 걸어 가장(家長)의 자리에 오르려는 속셈으로 몸매를 가꾸고, 동거할 집을 마련하고, 머리핀을 선물로 주면서 구애를 하기에 이른다. 때로는 남자답지 않게 앙탈까지 부려보기도 하지만, 물론 참새의 사랑이 이루어지지는 못한다. 애완동물이 아닌 야생 조류와 인간의 정다운 관계가 한계를 극복하는 듯한 느낌을 주는 따뜻한 얘기다.

이와 비슷한 조류의 행태는 콘라트 로렌츠의 『솔로몬의 반지』에서도 사람의 눈썹을 다듬어주는 갈가마귀와 동물심리학자 사이에서 진행된다.

이렇게 인간이 참새나 갈가마귀와 맺은 인연을 얘기하는 책들을 사람들이 호감을 느끼며 열심히 읽는 까닭은, 그런 다정한 관계가 이기적이지 않기 때문이겠다.

한국인들이 입양을 통해서 새로운 인연을 맺는 형태를 보면 어쩐지 이기적인 인상을 주는 경우가 적지 않다. 언젠가 텔레비전을 봤더니, 어느 연예인 부부가 특정한 아이를 입양하고 싶다는 의사를 표시했을 때, "(심장이 건강하지 못하기 때문에) 해외 입양으로 분류된 아이"라며 입양기관에서 먼저 "재고해보라"고 권했단다. 대부분의 경우 집안의 대를 잇는다든가 노후를 위한 '보험'을 드는 식으로 양자를 들이는 한국인들은 건강하고 똑똑하고 말을 잘 듣고 예쁘고 아주 어린 아이들만 원하니까, 불구이거나 불치병에 걸렸거나 부담이 되는 아이들은 해외 입양을 시킨다는 뜻이었다.

동물을 진정으로 사랑하는 마음에서가 아니라 자신의 기쁨만을 위해서 이기적인 욕심으로, 건강하고 똑똑하고 말을 잘 듣고 예쁜 개와 고양이를 '입양' 하여 키우는 사람들은, 병도 들지 않았고 별로 늙지도 않은 애완동물을 차에 싣고 관광지로 가서, 고려장을 시키기 위해 몰래 버리고 간다.

킵스 부인이 입양한 고아 참새는 날개와 다리가 불구였다.

클레어 킵스 부인과 참새 한 마리의 사랑 이야기가 수많은 사람들의 마음을 그토록 쉽게 감동시켰던 이유가 무엇일까?

아마도 그것은 사람들이 무척이나 듣고 싶어하는 간단한 얘기, 목말라 하는 바로 그런 얘기를 이 책이 들려주기 때문인 듯싶다.

아마도 그것은 세상에 말이 너무 많기 때문인지도 모른다.

아마도 그것은 불완전한 소통이 때로는 은근한 사랑을 품는 미덕이 되기 때문인지도 모른다.

클레어 킵스 부인의 참새가 세상을 떠났을 무렵에는, 우리나라에서 전쟁이 벌어져 파괴가 계속되었고, 우리 집도 불타서 없어졌고, 나는 세상을 잘 모르는 초등학교 학생이었으며, 동네 아이들은 마포의 전찻길에서 제기를 차고 연을 날리거나, 구슬치기 딱지치기를 하며 놀았다.

그리고 서울의 하늘에는 솔개가 가끔 나타나 유유히 날아다니고는 했다. 그래서 책가방을 메고 마포의 공덕시장에서 염리

동에 있는 용강초등학교로 가는 길에, 하늘 높이 떠서 솔개가 맴을 도는 것이 보이면, 우리들은 "솔개 떴다, 병아리 감춰라. 솔개 떴다, 병아리 감춰라." 하고 다 함께 노래를 부르고는 했다. 마당에 풀어놓고 닭과 병아리를 치는 동네 사람들에게 경고를 하기 위해서였다.

이제는 전쟁이 끝나고도 거의 60년이 흘렀으며, 나는 서울의 하늘에서 솔개를 언제 마지막으로 보았는지 기억조차 나지 않는다.

솔개보다는 훨씬 낮게 떠서 날아다니다가 가끔 전봇대 꼭대기에 버티고 앉아 쉬면서 사냥할 대상을 둘러 찾던 말똥가리의 늠름한 모습은, 2~30년 전까지만 해도 시골로 낚시를 가면 가끔 눈에 띄고는 했었다.

말똥가리는 40살까지 왕성하게 활동하고, 어떤 놈들은 70까지 살기도 했단다. 하지만 지금은 아마도 열 살이나마 넘기는 말똥가리가 대한민국 땅에 몇 마리나 되는지 알 길이 없고, 그래서 그들 또한 우리 하늘에서 더 이상 보이지 않는 새가 되었다. 응접실을 멋지게 장식할 박제를 만든다고 사람들이 열심히 잡아 죽인 결과가 아닌가 싶다.

내가 대학생이 된 한참 후에도, 가을이면 시골 들판 전깃줄에 새까맣게 줄지어 앉아서, 강남으로 날아갈 준비를 하느라고 제비들이 새끼들에게 집단으로 비행 훈련을 시키는 광경도 흔했지만, 이제는 그렇게 큰 무리를 지은 제비를 보기가 쉽지 않다. 농업과 해충 구제의 기술이 발달한 덕택이다.

   세상은 이제 그만 발달해도 충분할 듯싶으니, 솔개와 말똥가리까지는 아니더라도, 고추잠자리와 함께 날아다니는 제비나마 다시 보고 싶다.

2011년 무더운 한여름  
구산동에서 안정효

### 어느 작은 참새의 일대기
—인간을 위로하고 사랑하고 꾸짖었던 클래런스의 생애

초판 1쇄 : 2011년 11월 1일
초판 발행 : 2011년 11월 5일

지은이 : 클레어 킵스
옮긴이 : 안정효

펴낸이 : 박경애
펴낸곳 : 모멘토
등록일자 : 2002년 5월 23일
등록번호 : 제1-3053호
주 소 : 서울시 마포구 공덕동 242-85 2층
전 화 : 711-7024, 711-7043
팩 스 : 711-7036
E-mail : momentobook@hanmail.net

ISBN 978-89-91136-25-0  03840
잘못된 책은 구입하신 곳에서 바꿔 드립니다.